Souvenirs d'enfance
Tome II
Mes jours heureux

Philippe Ducourneau

Souvenirs d'enfance
Tome II
Mes jours heureux
Roman

© Lys Bleu Éditions – Philippe Ducourneau

ISBN : 979-10-377-8613-5

Le code de la propriété intellectuelle n'autorisant aux termes des paragraphes 2 et 3 de l'article L.122-5, d'une part, que les copies ou reproductions strictement réservées à l'usage privé du copiste et non destinées à une utilisation collective et, d'autre part, sous réserve du nom de l'auteur et de la source, que les analyses et les courtes citations justifiées par le caractère critique, polémique, pédagogique, scientifique ou d'information, toute représentation ou reproduction intégrale ou partielle, faite sans le consentement de l'auteur ou de ses ayants droit ou ayants cause, est illicite (article L.122-4). Cette représentation ou reproduction, par quelque procédé que ce soit, constituerait donc une contrefaçon sanctionnée par les articles L.335-2 et suivants du Code de la propriété intellectuelle.

Du même auteur

- *Un obscur secret*, aux éditions Vérone, 2020 ;
- *Souvenirs d'enfance*, aux éditions Le Lys Bleu, 2021.

On aimait le Monopoly, cela nous rappelait nos souvenirs d'enfance, des parties interminables avec mes cousins quand il pleuvait, l'été la banque n'en finissait pas de faire crédit.
Philippe Delerm

Voilà, les grandes vacances d'été qui annonçaient les beaux jours, puis les jours heureux.
Philippe Ducourneau

Ne pas avoir faim, ne pas avoir soif, ne pas avoir froid ; celui qui dispose de cela et a l'espoir d'en disposer à l'avenir peut lutter comme il arrive et couler des jours heureux.
Épicure

Chapitre 1
Chronologie

Je vais vous raconter la suite de mes souvenirs d'enfance pendant les grandes vacances et vous narrer des anecdotes toutes particulièrement croustillantes. Je vais vous faire revivre ces années de bonheurs simples où il faisait bon vivre dans ce petit village de Pouzy, en pays nivernais. Après l'écriture du premier livre *Souvenirs d'enfance* pour ceux qui l'ont lu, souvenez-vous une minute de la vouivre, cette mélusine au diadème de pierres précieuses si convoité et ses serpents vivant dans l'étang du Merle, la chasse au Dahu, cet animal mythique, mi-daim, mi-renard, habitant les régions boisées des montagnes du Morvan. La légende de la vache Blanchette broutant l'herbe fraîche sur le toit de l'église de Saint-Saulge. Toutes ces histoires avec des personnages existants si attachants que je vous ai déjà contées dans le premier tome. Eh bien, voici la suite du récit qui va vous être relatée dans ce deuxième tome. Pour fixer la chronologie, nous sommes à présent en 1976.

Deux ans ont passé, et l'on aimait toujours autant nos vacances sans façon et, chaque année, on revenait en famille habiter la maison de Louise et de Gaby. J'avais douze ans et Lolo huit, nous avions grandi et nos grands-parents avaient également vieilli. Gaby était de plus en plus absent, ne parlant pratiquement plus, seulement à des moments essentiels de la vie courante, mais il avait gardé son sourire malicieux et sa moustache de charlot. Marie-louise, quant à elle, était toujours aussi langue râle, mais tellement attachiante et aimante envers nous.

Les trente glorieuses étaient terminées et le premier choc pétrolier de 1973 nous avait sorti un moment de notre confort où les premières difficultés économiques nous apparaissaient. L'essence flambait à la suite de l'embargo de l'OPEP, suivi de l'abandon des accords de Bretton Woods et d'une demande plus importante de pétrole dans le monde entier.

On regardait à présent la télévision en couleur et celle-ci était un peu plus présente dans notre vie de tous les jours, notamment pendant le journal télévisé de vingt heures sur la une avec, comme présentateur, un nommé Roger Gicquel qui ouvrait le bulletin à chaque fois avec sa célèbre phrase « La France a peur ». Nous avions seulement trois chaînes de télévision et les speakerines battaient toujours le plein des écrans en annonçant les programmes de la journée. Valéry Giscard d'Estaing était président de la République depuis plus de deux ans et la guerre du Vietnam avait enfin pris fin depuis environ un an. La France était toujours l'une des nations les plus écoutées et la cinquième puissance économique mondiale. La majorité civile et électorale avait été abaissée à 18 ans, le 8 juillet 1974.

Chapitre 2
La Nièvre

Cette région est une île de granit au cœur du centre de la France. À l'époque jurassique, celle-ci se situait au milieu des flots et la masse de ses monts s'élevant à plus de deux mille mètres d'altitude. Il y a bien longtemps quand la mer s'est retirée de la surface de la Terre, ce massif rocheux a vu ses sommets usés par l'érosion séculaire. Des forêts touffues le recouvraient bientôt, ce qui lui donnait le plus sombre des aspects. C'est à partir de cette apparence qu'est née son appellation « Morvan ». En effet, les Gaulois lui avaient attribué le nom de montagnes noires « Mor » signifiant noir et « ven. » montagnes.

Le département de la Nièvre doit aussi son nom à la rivière Nièvre qui naît de la confluence entre la Nièvre d'Arzembouy et celle de Guérigny. On surnommait autrefois le Nivernais vert pays des eaux vives, car le département ne possédait pas moins de cinq mille kilomètres de rivière et de canaux. Des chaos rocheux de la cure, aux eaux les plus calmes de l'Yonne et de la Loire, si majestueuses, les odeurs de sous-bois sentant bon le sanglier, les champignons et les mousses de lichens, aux futs tortueux des hêtres et des châtaigniers contenant le vin de Pouilly, aux forêts épaisses des épicéas du Morvan, de nombreuses légendes étaient ainsi rattachées aux eaux vives de ce vert paradis. Depuis plusieurs siècles, elle était un territoire convoité et visité par les plus grands, les rois, les papes et les écrivains tels que

Victor Hugo, Stendhal et Alexandre Dumas s'y sont succédé en y laissant des souvenirs souvent mémorables. Haut lieu de passage, durant le Moyen Âge, où ont cheminé de nombreux pèlerins qui se rendaient sur le tombeau de Saint-Jacques de Compostelle en passant par Vézelay, la charité et Nevers, La Nièvre est également une terre remplie de mystères et de traditions en tout genre.

Chapitre 3
Salmo trutta

Début des vacances, nous étions le 08 juillet 1976, nous avions décidé de partir une nouvelle fois à la pêche avec Lolo aux prés des Bazolles, situés à environ une vingtaine de kilomètres de Pouzy, là où nous faisions, il y a quelques années en arrière, des pêches miraculeuses de vairons. J'avais douze ans et pris de l'assurance comme pêcheur, grâce à mon père Riton qui était un fameux pêcheur de truites. Il m'avait enseigné de nombreuses manières de pêcher comme le toc, le ver, la cuillère, la sauterelle, la bulle d'eau et même à la main, ce qui est complètement interdit. Je le revois encore aujourd'hui dans ma mémoire prospecter un instant ces rivières bourguignonnes aux eaux peu profondes, noires et acides. Quand ça ne mordait pas, papa changeait radicalement de tactique et se transformait en Raboliot, le célèbre braconnier du roman de Maurice Genevoix. Il allait fourrer ses mains sous les berges de la rivière sous des racines inexpugnables ou dans des trous d'eaux sombres sous des rochers afin de surprendre une belle truite à moitié endormie. Des fois, cela marchait et nous rentrions la biasse pleine de truites. D'autres fois, il tombait sur des couleuvres vipérines inoffensives ou bien des rats musqués, ce qui était un peu plus ragoûtant, mais revenons à nos moutons…

En début d'après-midi, le soleil dardait ses rayons à son zénith, on avait décidé de capturer uniquement de petites sauterelles vertes, qui étaient assez résistantes pour bien tenir sur un hameçon et pouvoir subir plusieurs lancers successifs et bien sûr les plus appréciées de dame Fario. Une vingtaine d'insectes était nécessaire pour notre pêche à la volante pour la fin d'après-midi, je savais que la pleine journée n'était pas vraiment favorable à la prise de la truite, celle-ci étant plutôt lucifuge, se nourrissant au moment les moins lumineux de la journée, le matin et le soir. Nous étions partis avec Lolo dans un champ assez sec aux abords de la maison pour trouver nos insectes sauteurs. Les bestioles se doraient la pilule en plein cagnard, emmagasinant une chaleur tout particulièrement bénéfique à leurs développements personnels, en somme, les donzelles se faisaient bronzer au soleil. À l'aide d'une petite épuisette en bambou pour pêcher les crevettes, achetée au bazar de Saint-Saulge, Lolo chassait comme il pouvait ces satanées sauterelles qui n'arrêtaient pas de bondir et de faire des sauts gigantesques. Comment un animal aussi petit pouvait-il sauter aussi loin et aussi haut ? Certaines se tenaient sur la pointe des herbes hautes, des berces et des cerfeuils des bois, elles tanguaient et se balançaient au gré du vent, ce qui nous compliquait davantage la tâche pour les capturer.

Je ne voyais à présent plus mon Lolo dans cette jachère haute d'achillées millefeuilles et de carottes sauvages, m'étant éloigné de lui pour vaquer aussi à la traque des insectes, à l'aide d'une petite épuisette d'aquarium. Le petit lutin avait disparu, je criais son prénom à plusieurs reprises, en vain. Je continuais à chasser quand, soudain, j'étais tombé nez à nez sur lui. Il était assis dans l'herbe, près d'un arbrisseau où la terre avait été grattée et débarrassée de ses feuilles, comme si un animal avait dormi là. C'était une couchette de chevreuil de forme ovale, car on pouvait apercevoir des traces de sabots. Lolo, lui, était beaucoup moins préoccupé à harponner des sauterelles, il avait capturé et avait en sa possession un animal extraordinaire : une mante religieuse. S'étant pris d'affection pour elle, il la promenait sur sa main ouverte, voulant sûrement se prendre pour son chevalier servant. Lolo n'avait pas vraiment envie de se faire dévorer par elle, alors il lui avait tendu un petit criquet vivant que le tigre de l'herbe s'empressait de choper de ses pattes avant robustes, appelées ravisseuses, puis de ses mandibules puissantes, elle déchiquetait la chair de sa proie.

Une fois son repas terminé, le cheval du diable se dressait sur ses pattes arrière, nous faisant face comme pour nous intimider, elle écartait les ailes dans une position spectrale avec les voilures érigées et étalées en éventail. Lolo avait saisi alors manu militari le prie-Dieu sur le dessus du corps, sans se faire mordre, et l'avait rangée dans une grosse boîte d'allumettes en carton de la marque Gitane, remplie de foin, et l'avait glissée ensuite rapidement dans la poche de son short. La séance d'entomologie avait pris fin, il était temps de rependre notre prospection. Une vingtaine d'insectes avaient été attrapés et cela suffisait largement pour notre pêche du jour, ils étaient stockés dans une vieille boîte de camembert en balsa de la marque Président. Quelques brins de luzerne ou de trèfle humide garnissaient la boîte préalablement trouée pour pouvoir bien conserver les bébêtes.

L'unique canne en bambou était arrimée au bastingage arrière de ma bicyclette, les porte-bidons bien remplis d'eau fraîche, les casquettes vissées sur les têtes et les sandalettes en plastique aux pieds, nous étions prêts à partir pour notre périple. Nous traversions plusieurs villages où nous étions souvent apostrophés et encouragés par les quelques habitants des hameaux d'un « allez, Pou Pou !!! (Poulidor, célèbre cycliste français, éternel second) ». Nous n'avions pas le célèbre maillot de laine de couleur violine et jaune de Poulidor, mais on avait une soif de vivre et nos pédalages intempestifs nous menaient rapidement vers notre destination.

Nous apercevions enfin en bord de route les saules têtards, ces petits arbres tortueux poussant fréquemment à proximité de l'eau, ultime témoignage de pratiques rurales traditionnelles. Leurs silhouettes tordues et déformées, voire martyrisées comme des bonsaïs avec leurs grosses têtes si caractéristiques, provenaient notamment de son type de gestion et de coupe. Ces opérations régulières (recépage) avaient une utilité à l'époque encore récente, les branches étaient utilisées comme bois de chauffage ou de cuisson pour les aliments, servaient aussi à botteler les légumes du potager, l'osier étant, lui, recherché pour la vannerie afin de confectionner des paniers, des nasses et des corbeilles qui étaient souvent fabriqués et vendus par les romanichels du coin. Les pieds des arbres têtards délimitaient souvent les parcelles et les fossés des riverains. Ils octroyaient la plupart du temps de l'ombrage aux bétails et parsemaient autrefois les paysages de nos campagnes, faisant partie intégrante de la vie rurale paysanne.

Mais le saule têtard offrait d'autres avantages, notamment celui d'être un abri de choix pour la faune sauvage, ainsi les cavités formées par les tailles constantes accordaient des refuges aux insectes et autres petits mammifères, tels que les lérots et les chauves-souris, ainsi qu'aux oiseaux cavernicoles, comme la trop rare chouette chevêche, petit joyau, espèce indissociable des paysages clairsemés, des pâturages humides à saules, et des vergers à hautes tiges.

Le paradis n'était à présent plus très loin, nous avions enjambé le petit pont de pierre romain qui nous mènerait bientôt à la cascade rugissante qui déversait une eau limpide. La petite musique des clapotis nous montait aux oreilles comme un enfant qui poussait ses premiers cris. La rivière à cet endroit était tout simplement magnifique, le petit cours d'eau serpentait dans une prairie de graminée verte où des vaches de race charolaises ruminaient tranquillement. De belles renoncules fleuries de mille boutons ondoyaient et valsaient au gré des courants tumultueux. Nous apercevions, Lolo et moi, des farandoles incessantes de myriades de libellules multicolores amoureuses qui dansaient constamment à la surface de l'eau, comme prises dans une chorégraphie de la Saint-Guy. Les insectes mettaient tout en œuvre pour se séduire mutuellement, nos regards étaient subjugués par toutes ces beautés naturelles et éphémères de ces hôtes aquatiques qui peuplaient les lieux.

L'eau me rendait très contemplatif, sous la pluie, une cascade, j'étais envahi de bien-être et surtout j'étais très observateur pour mon âge et amoureux de cette nature sauvage. Une odeur piquante de menthe aquatique me montait au nez, je rêvais sous le doux chant mélodieux des oiseaux ou une légère brise venait caresser mon visage d'adolescent. Je sortais de ma léthargie et de mes rêves de marmot et reprenais mes esprits, il était temps de monter la gaule. Un bout de fil de pêche de quatorze centimètres attaché avec au bout un hameçon de douze suffirait amplement. Nous restions un moment sur la berge du ruisseau à observer les alentours, à la recherche du gros moustachu, ce coquefredouille de garde-pêche du coin que l'on surnommait le sergent Garcia, le gros pataud n'était pas là, nous pouvions alors nous glisser discrètement dans l'eau. Les pas que nous laissions dans le sable jaune du cours d'eau soulevaient et charriaient du limon, un gros nuage laiteux se formait, attirant nombre d'espèces benthiques, comme les vairons et les chabots. Ceux-ci faisaient de petits bonds pour capturer des invertébrés en suspension tout en luttant âprement contre le courant. Nous progressions pour enfin arriver à l'abord de la chute d'eau qui déversait son flot continu, l'eau était un peu plus profonde à cet endroit et formait un gour.

Un cri inhabituel nous était parvenu aux oreilles se composant d'une sorte de sons sifflés et de petits grincements : Tsitt !!! Tsitt !!! Un petit être rondouillard nous était apparu dans les glouglous de la chute d'eau. Ce n'était pas à son panache blanc, mais à sa bavette qu'on le reconnaissait, un plastron éclatant qui permettait de suivre le cingle plongeur, appelé plus communément merle d'eau. Il se tenait sur un rocher et utilisait une technique de pêche toute particulière, il plongeait la tête la première à la recherche de larve de phryganes et d'éphémères, ainsi que de quelques mollusques comme des gammares et petits poissons. Il s'émergeait complètement et marchait à contre-courant au fond de l'eau. Il étalait sa queue tronquée et recouvrait à nouveau ses ailes pour se propulser et rester davantage dans le courant retournant les petits cailloux à l'aide de son bec. Le piaf ressortait avec plusieurs larves de porte-bois dans le bec, puis s'envolait à notre venue et descendait en volant rapidement vers l'aval de la rivière et disparaissait aussi vite qu'il était apparu. Le bougre avait sûrement une nichée quelque part à nourrir.

J'avais repéré une grosse mémère bien grasse le long de la berge, la belle avait élu domicile derrière un gros caillou à l'affût de la moindre bestiole qui tomberait à sa merci dans l'eau. Elle devait peser, au bas mot, environ plus de trois livres. Lolo se tenait juste à côté de moi avec son épuisette, de l'eau jusqu'aux genoux, je lui faisais d'un signe de la main, d'un chut ! mémorable afin de ne pas faire trop de bruit. Nous observions tous les deux cette magnifique truite fario qui se dandinait dans le courant, elle ne nous avait pas remarqués, puisque nous remontions le courant de l'affluent. Elle continuait de se nourrir de mouches qui tombaient à la surface de l'eau, gobant ces insectes à moitié noyés. Je réclamais une sauterelle à Lolo afin de l'accrocher sur l'hameçon puis j'envoyais l'insecte juste derrière la truite, elle n'avait pas vu mon leurre qui paraissait un peu trop court. En relevant ma ligne tout doucement, je perdais mon esche… Grrr… La meilleure technique consistait à présenter la bébête juste derrière sa tête. Je demandais une nouvelle sauterelle à Lolo, que je lançais de suite juste derrière sa tête. La fario s'était retournée et avait saisi fermement l'appât, alors je ferais immédiatement le scion, et la canne en bambou s'était arcboutée alors violemment, donnant des hochements de tête. Le combat pouvait alors débuter.

Salmo trutta, se sentant prise, sondait davantage en assénant des coups de tête, elle essayait de se débarrasser de la ligne et de l'hameçon en emmenant celle-ci sur de vieilles souches immergées ou dans des branchages afin de la faire casser, mais je la bridais correctement sans exercer de pression trop forte sur celle-ci. J'arrivais avec une incroyable habileté à toujours maintenir le contact avec elle, mais sans donner des coups trop violents. Lolo, aux premières loges, avait la bouche grande ouverte, presque hébété par le combat qui se déroulait devant ses yeux, et se tenait prêt à épuiser la bête. Après plusieurs minutes d'engagement, des remous apparaissaient enfin à la surface, je pouvais alors admirer la reine de la rivière, une belle fario de souche atlantique avec sa gracieuse robe dorée à points rouges. Elle était prise à présent dans l'épuisette de Lolo qui semblait toute petite. La gueule avait de grosses dents acérées, son œil était noir, elle paraissait surprise de sortir de son élément aquatique et d'avoir été prise à son propre jeu de gourmandise. Elle mesurait plus d'une quarantaine de centimètres, bien en chair, avec un poids qui dépassait largement le kilo et demi. Elle avait dû se repaître des nombreux invertébrés qui vivaient au fond du torrent et s'était gavée de vairons et de chabots.

Elle avait de l'expérience, car la lutte avait duré longtemps, essayant à moult reprises de déjouer les pièges que je lui avais tendus. À sa taille imposante, elle avait dû s'affranchir de sa vie de truite envers beaucoup de prédateurs, comme les hérons et les hommes. J'avais saisi le poisson par les ouïes et lui avais asséné un coup de mon Opinel au niveau des cervicales. On l'avait déposée ensuite délicatement comme un trophée dans notre panier en osier tapissé d'herbes fraîches, puis on avait continué notre pêche pendant plus d'une heure sans succès, prospectant les moindres radiers herbeux, les petites veines d'eaux sans importance, les remous, les cachettes improbables, les coulées le long des berges, rien, un seul poisson avait été pris, mais quel poisson !!! Il était plus de 19 heures et il était temps de rentrer au bercail pour dîner.

Nous rentrions à la tombée de la nuit, guidés par les étoiles du ciel et le bruit des grillons des champs. Des vers luisants parsemaient le bord de la route comme des balises lumineuses éclairant une piste d'atterrissage, les bestioles nous aidaient à nous diriger correctement sur la communale sans nous prendre un gadin dans un fossé. Un dernier coup de pédale, on passait devant le calvaire de marbre blanc puis le grand chêne, le lavoir et on apercevait enfin la maison éclairée de Louise et de Gaby. L'éclairage de la vieille lampe de ferme en col de cygne du dehors illuminait un peu la route, une multitude de papillons de nuit et de moucherons venaient batifoler dans les rayons de la lumière. Les hirondelles étant couchées, ce sont les pipistrelles communes et noctules en tout genre qui reprenaient le flambeau virevoltant constamment autour de la maison comme un ballet ahurissant se gavant d'insectes nocturnes. Quand on montait ce grand escalier et que l'on arrivait sur le palier de la terrasse de la cuisine, on pouvait lire sur le visage de Louise un large sourire se dessiner sur ses lèvres, étant de nature angoissée, elle exprimait alors une joie sans pareille à la vue du retour de ses deux petits-fils sains et saufs. On descendait alors de nos vélos fourbus, mais tellement heureux et excités de montrer notre prise hors du commun.

Le lendemain midi, Gaby s'était occupé de vider la grosse mémère, quant à Louise, munie de son tablier à carreaux, préparait la persillade. La grosse poêle en fonte chauffait déjà sur la gazinière, le beurre fermier moussait et crépitait dans celle-ci. Dame fario grésillait dans cette antique poêle à poisson en fonte au manche en bois, le réceptacle étant beaucoup trop petit pour elle, sa queue dépassait allégrement du poêlon. Un tour de poivre du moulin et de sel de Guérande pour assaisonner la belle, la persillade était jetée sur l'animal en fin de cuisson, il ne restait plus qu'à passer à table. Nous dégustions tous les quatre ce délicieux mets de choix. Je me remémore encore aujourd'hui le goût exquis de cette succulente chair rosée ainsi que de sa peau grillée qui avait une saveur toute particulière de noisette. La pêche à la truite était terminée, cela resterait à jamais un excellent souvenir, deux mots me reviennent en tête « bonheur et partage ».

Chapitre 4
La première cigarette

Fini les cigarettes en chocolat, où souvent on mangeait le papier avec. J'avais décidé en compagnie de Lolo de fumer ma première vraie cigarette et de chiper une cibiche à mon père Riton. Mais cela était risqué et si je me faisais prendre avec pour tout remerciement, j'aurais reçu un coup de pied au derrière du papounêche. Riton ne quittait pas son paquet de sa poche de sa chemise à carreaux, impossible de lui dérober quoi que ce soit. Malgré nos efforts de maraude constante pendant plusieurs jours, espérant un relâchement d'observation du père lui tournant souvent autour, mais rien ne se produisait pour tenter un quelconque rapt de la très enviée cigarette. J'avais vite trouvé une nouvelle idée pour me procurer des cigarettes, nous étions allés au café-épicerie de Saint-Saulge, tenu par la tenancière au doux nom de Marguerite, une grande femme un peu revêche, âgée d'environ 60 ans, elle assurait de plus les missions « cabine téléphonique et télégrammes ». Je savais que Gaby s'approvisionnait là-bas et nous avions un peu d'argent de poche pour nous acheter ce satané paquet tant convoité. On avait enfourché nos vélos et nous roulions à vive allure vers Saint-Saulge. Nous étions entrés tous les deux dans l'estaminet avec appréhension certaine et une boule au ventre.

Au moment où nous avions pénétré le bar, la buraliste nous avait interpellés :
— Qui t'a donné l'argent ?
— Ma mère, madame, avais-je répondu.

— C'est pour qui les cigarettes ?
— Pour mon grand-père, c'est lui qui m'envoie.

Erreur fatale, Gaby ne fumait que du tabac à rouler et la buraliste connaissait bien ses habitudes, elle refusait de me vendre le paquet de cigarettes et nous avait demandé de débarrasser le plancher illico presto.

Nous rentrions tout penauds alors dans notre petit village de Pouzy, tout en pédalant sur le chemin du retour et, faute de tabac, une nouvelle bêtise avait déjà germé dans mon crâne de gamin. Nous allions récolter les barbes de maïs qui sont les longs poils bruns qui poussent à la base de l'épi. Les Morel en cultivaient quelques plants dans leur potager et s'en servaient pour nourrir en complément leurs volailles et leurs bétails. On allait pouvoir se rouler par la suite quelques cigarettes au maïs. On faisait sécher sur quelques pierres bien plates notre barbe à l'abri des regards indiscrets dans un lieu tenu secret. Quelques feuilles à rouler avaient été préalablement dérobées à Gaby, oubliant souvent sur la table de la cuisine son paquet de papier à cigarette. Le problème était que la grosse fibre, une fois séchée, ne se laissait pas facilement emprisonner dans le papier et le goût était si âcre que l'on était pris d'une quinte de toux après deux ou trois aspirations. Cette option ne fonctionnait pas et il fallait à nouveau trouver autre chose. J'avais bien pensé plusieurs fois à aller à la pharmacie pour acheter des cigarettes à l'eucalyptus, c'était la grande mode à l'époque et beaucoup d'adolescents qui avaient seulement quelques années de plus que moi en fumaient, mais le prix exorbitant du paquet m'avait fait renoncer à son achat.

Se procurer du tabac était risqué et celui de se faire prendre au moment du larcin également. Une fois, j'avais réussi à chaparder un peu de tabac dans la blague en caoutchouc de Gaby et faute de papier idoine, j'avais confectionné une grosse cigarette avec du papier journal, le résultat avait été catastrophique. Non seulement la cigarette ainsi fabriquée ne tenait pas allumée, mais le goût était épouvantable. À chaque aspiration, j'attisais le feu qui se déclarait comme une torche vivante et s'embrasait avec une rapidité déconcertante. J'avais jeté immédiatement le brûlot à terre et écrasé de mes pieds mon méfait. Au passage, je m'étais cramé entièrement les premiers poils de ma moustache, j'avais depuis peu un duvet noir et épais qui avait poussé sous mon nez d'où mon surnom de frizoute. Plus besoin pour moi d'aller chez l'esthéticienne, j'étais à présent rasé de près et noir comme un charbonnier, je sentais le poulet grillé et j'avais ainsi pris mon premier coup de grisou.

Je savais que la clématite des haies, qu'on appelait la viouche ou bois à pipe, était plus facile à fumer, je l'avais lu dans le livre « le château de ma mère » de Marcel Pagnol. Justement, une énorme clématite des haies avait pris comme lieu de villégiature le mur de la maison de mes grands-parents où elle avait poussé. On pouvait admirer cette beauté sans pareille avec son pied puissant et noueux, ses lianes tortueuses qui montaient haut sur la bicoque atteignant presque le sommet de la toiture. La plante était affublée de mille fleurs blanches scintillantes odorantes, mais avec un effluve désagréable, un peu comme de l'aubépine. De nombreux bourdons, abeilles et papillons s'affairaient autour de la plante. Elle était surnommée l'herbe aux gueux, dû à l'usage des mendiants au Moyen Âge qui utilisaient cette plante provoquant des ulcérations aiguës en se frictionnant la peau avec le suc de cette clématite, entretenant leurs lésions avec les fruits rugueux afin d'inspirer la pitié des passants, ils guérissaient par la suite leurs blessures en les recouvrant de feuilles de bettes comme des cataplasmes. Lolo et moi avions alors découpé des tiges bien sèches de cinq à dix centimètres à l'aide d'une petite scie à bois. Perché sur l'échelle de Gaby, Lolo maintenait celle-ci au pied pour que je ne puisse pas tomber. Les quelques bâtonnets ainsi confectionnés étaient parcourus de fins canaux longitudinaux au travers desquels on pouvait aspirer l'air par un bout et nourrir de cette manière la braise conique, coiffant l'autre extrémité. Je m'étais dépêché de fourrer dans ma musette ce précieux trésor, vite emporté au regard de tous. La texture et les nervures ressemblaient étrangement à des bâtons de réglisse que l'on suçotait de temps à autre (c'était la mode), mais la densité de la clématite était beaucoup plus légère en main.

J'avais averti Cathy, Alain, Marie-France et Jean-Louis pour que l'on puisse fumer tous ensemble dans notre cachette préférée. Celle-ci était située à environ une dizaine de kilomètres de là. Une carrière désaffectée située près de l'étang du Merle. Je n'aimais pas cet endroit sec et jonché de genets, Lolo m'avait dit que le lieu était envahi de vipères Aspic. Une fois tous rassemblé sur le lieu interdit, j'avais sorti de mon havresac, que j'avais en bandoulière, une première tige, que je me réservais le droit d'allumer en premier le calumet de la paix et de commencer à fumer. C'était moi le grand ordonnateur de la cérémonie des crapoteurs et j'avais désigné dès lors qui successivement accéderait à l'honneur de tirer une, deux ou trois bouffées. Je m'octroyais en tant que grand chambellan d'aspirer davantage de fumée et même d'avaler.

Je fumais et j'avais conclu par un geste circulaire de l'avant-bras à la Jean-Paul Belmondo qui me donnait un genre et une contenance et un chic envié de tous. Quoi de plus chouette alors que de garder la fumée dans la bouche et d'acheminer par la suite la tête vers le ciel en pose extatique sans respirer et de laisser s'échapper lentement, en volutes nonchalantes, s'introduisant ensuite par les narines. La cigarette rustique passait de main en main, chacun dégustant la cibiche à sa façon. Le denier avait été Lolo, le plus petit qui aspirait tellement la cigarette qui l'en devenait cramoisi, le petit se gonflait comme dans la célèbre fable de la Fontaine, une grenouille face au bœuf se faisant de plus en gros et faisait ainsi rire la totalité de notre assemblée générale. Notre séance de fumette allait prendre rapidement fin, déjà, les premières quintes de toux apparaissaient, nos petits poumons tout neufs n'avaient guère l'habitude d'assimiler cela. La fumée avait une saveur âcre et piquante, et après quelques exhalations, la langue et les muqueuses étaient soumises à une insupportable irritation, si bien qu'il était impossible de consommer jusqu'au bout une tige de clématite incandescente. Il était temps pour nous tous de rentrer au bercail. Comme un petit peloton de cyclistes de course, nous avions enjambé nos vélos pour une course à vau-de-route jusqu'à Pouzy, les paris étaient lancés, tout le monde voulant arriver le premier.

Chapitre 5
Pouzy plage

En 1976, Pouzy vivait de ses quelques petits agriculteurs. On ne parlait pas encore d'exploitations agricoles ni d'éleveurs, ils se déclaraient tout simplement cultivateurs. Au milieu d'eux s'activait un petit artisan, le dernier menuisier du village. En ce qui concernait les autres commerces, il fallait aller à Saint-Saulge. Les autres petits services (piqueuse, tueur de cochons, fossoyeur, coiffeur) étaient assurés en général par les habitants de Pouzy, souvent à la retraite, qui, au fil des années, avaient acquis des aptitudes reconnues et appréciées de toute la population. Une unique cabine téléphonique trônait au carrefour de la grande rue et de la Croix Rapine. J'essayais en compagnie de Lolo et de toute la clique de commettre quelques larcins pour téléphoner gratuitement à quelques copines.

L'astuce était assez simple pourtant. Muni d'une pièce de 1 franc, percée avec un long bout de fil de couture au bout, il suffisait d'introduire cette pièce dans la fente, qui tombait dans l'escarcelle de la cabine, et ce qui nous suffisait à avoir alors la tonalité. Si jamais on descendait trop la pièce, elle se retrouvait prisonnière par une petite retenue en fer et c'était perdu pour la récupérer. Une fois la communication terminée, il suffisait de remonter tout doucement celle-ci, il fallait avoir du doigté et de la douceur comme un horloger ou bien un cambrioleur avec un coffre-fort pour bien comprendre le mécanisme et le déjouer afin de reprendre notre pièce… Combien de fois avions-nous essayé de forcer le caisson du bas pour nous octroyer cette menue monnaie scintillante ? En tout cas, c'est sûr qu'avec nous, les postes et télécommunications de l'époque ne faisaient pas leur beurre avec nous.

Pouzy s'animait brusquement dès les premières lueurs du jour pour ne s'endormir qu'à la tombée de la nuit. Alors que les diverses ampoules de l'éclairage public fixées à des mâts en bois des postes et communications lâchaient leurs pâles rayonnements, ce qui, dans les faits, ne faisait qu'accentuer l'expression lugubre des zones de pénombres sur la grande rue. Partout, le calme et le silence à peine trahis par le bruit familier d'un meuglement d'une vache dans une étable et les quelques aboiements des chiens qui se répondaient, suivant le déplacement d'un rare passant tardif dont les pas résonnaient au beau milieu des vieux murs de pierres sèches. La nuit durant, dans nos petits lits bien au chaud, la cloche de l'église continuait d'égrener les heures et les demi-heures, comme pour se rappeler que le temps n'allait que dans un sens. On entendait juste à côté de nous, dans la grange des Morel, adjacente à notre maison, les cris d'orfraie de la dame blanche, la chouette effraie des clochers, qui était de sortie et chassait campagnols et mulots qui vivaient à foison près des habitations dans les granges et les greniers avoisinants.

L'été, c'était les travaux dans les champs et les cultures peu nombreuses à Pouzy, ou la majorité des cultivateurs élevaient des vaches à viande, la célèbre vache de couleur blanche « la Charolaise », emblème et fierté du pays nivernais. Les journées étaient bien remplies, les moteurs n'étaient pas encore au bout de tous les manches, mais le travail et plus généralement la vie allaient encore avec le rythme des animaux du jour et de la nuit, ainsi que des saisons. Pourtant, et malgré la réticence des anciens, cette décennie resterait la période charnière de l'évolution des habitudes et des modes de vie au village (mécanisation des travaux agricoles, confort et hygiène accrus, automobile, télévision).

Souvent, le matin vers 10 heures, où sa journée de labeur avait été déjà bien entamée, le père Morel venait boire un canon chez Louise et

Gaby. De ses pieds tout crottés, le cul-terreux rentrait dans la cuisine de l'adjudante qui, elle, grinçait des dents à l'arrivée de celui-ci. Le carrelage brillait de mille feux grâce à Mr Propre, mais plus pour longtemps. J'étais intimidé de voir cet homme, moi, le petit gars qui venait de la ville, j'avais l'impression de découvrir une curiosité et d'être à la foire du Trône. Il devait avoir la soixantaine d'années, mais usé prématurément, il en faisait dix de plus. Il était habillé d'un bleu de travail râpé et d'un blouson en cuir. Un béret noir vissé sur la tête, le visage ridé par le soleil comme une vieille pomme, les mains calleuses, et la Gitane éteinte au bec. Je me rappelle encore ses yeux bleu acier.

J'avais du mal à comprendre ce qu'il disait à chaque intonation, il roulait tellement les r que cela en était incompréhensible. Après quelques banalités et ragots du voisinage, Gaby et lui trinquaient et vidaient leurs topettes sous l'œil noir de Louise, qui se retenait de ne pas le disputer d'avoir sali sa bicoque. C'est bien plus tard que j'ai compris pourquoi elle mettait de l'eau dans son vin, la tactique de Louise était simple, le père Morel nous vendait de temps en temps, à un bon prix, un gros poulet fermier bien gras que Louise s'empressait de faire rôtir pour le dimanche d'après. À présent, le père Morel était parti et il fallait à nouveau nettoyer l'écurie.

La circulation routière à cette époque n'était pas vraiment dense et peu de véhicules passaient devant la maison de mes grands-parents. On croisait plus souvent les vaches des fermiers des alentours, mais une grande révolution viendrait bientôt modifier d'anciens errements et bien des aspects de notre village. Ce qui, bien entendu, nourrissait les critiques de la part des plus vieux qui prédisaient que la viande, le lait et le fumier allaient devenir des poisons avec cette « saloperie de Sanders », que les prés et les pâtures allaient être remis en culture céréalière et allaient disparaître du paysage nivernais. Les premiers hangars métalliques à stabulation naissaient et le prix du blé chuterait alors que les vaches vivaient sur leurs tas de fumier qui ne faisait que monter, que cela puait dans tout le village et que cela amenait une quantité non négligeable de diptères, veuillez traduire (mouches à merdes).

En quelques années, une baisse du nombre d'habitants à Pouzy était significative, même si déjà quelques retraités, qui s'étaient aussi expatriés, revenaient s'y établir. Certains d'entre eux tenaient des maisons de famille dans une perspective de retour proche, mais d'une manière générale, les habitations inoccupées et non chauffées se dégradaient lentement et perdaient ainsi de leur valeur.

Chapitre 6
Gépéto

Le charron et le maréchal-ferrant avaient disparu depuis belle lurette à Pouzy, et je n'avais jamais entendu, même marmot, le bruit si familier de ses coups de marteau et de l'enclume qui résonnait dans tout le village. L'atelier du menuisier que l'on surnommait affectueusement « Gépéto » se trouvait dans la rue principale et était véritablement un artisan incontournable. De sa fabrique de menuiserie sortaient toutes sortes d'articles : huisseries, fenêtres, portes, meubles, pièces de charpente... À cette époque, le plastique n'existait pas ou très peu, et nos ancêtres étaient nés dans les berceaux que le menuisier avait créés, et vivaient dans les meubles, tables et chaises qu'il avait confectionnés.

Mais ses services ne s'arrêtaient pas là, il reprenait toutes sortes de vieilles menuiseries sur lesquelles il greffait des parties de bois neuf, rafistolait au moindre coût d'anciens chariots, des charrettes, des brouettes. J'aimais traîner dans son atelier en compagnie de Cathy et Lolo. De là sortaient de bonnes odeurs de chêne et de vernis, le bruit caractéristique de la scie, de la raboteuse et de la dégauchisseuse. Sur son grand établi trônait une multitude d'outils, une varlope qui servait à trancher, un vilebrequin servant à percer des trous. Un rabot, des ciseaux, une gouge. Des bois de toute sorte étaient stockés dans son atelier, du bois exotique très dur comme l'ébène, mais aussi du bouleau, du pin, du hêtre ou encore du charme, du bois plus tendre comme le châtaignier, le peuplier, au bois de pommier pour faire de petits objets usuels de la vie courante. Mille senteurs florales aux couleurs si multiples étaient là, j'avais plaisir à humer ces senteurs si différentes et toucher ces bois si divergents l'un de l'autre, notamment le bois de l'olivier si doux et si lisse. Quelques carreaux étaient brisés par où rentraient des hirondelles rustiques qui venaient ravitailler les oisillons dans des nids de boues fixés aux poutres en bois. On pouvait entendre piailler toute cette marmaille à qui mieux mieux, toutes ces ribambelles qui criaient famine, les exhortations des oiseaux rythmaient avec les bruits de scie si familiers dans l'atelier du menuisier.

Les gestes méthodiques du menuisier nous enchantaient, on pouvait le regarder pendant des heures dans son labeur, les mouvements de ses bras se servant de sa varlope. L'odeur de bois fraîchement scié nous enivrait, on jouait sous le contrôle du maître des lieux à se jeter de la sciure à la figure, comme des confettis au moment du 14 juillet. Un poste de radio émettait sur France Inter la célèbre émission (l'oreille en coin), je me rappelle que les radios libres sur la bande FM n'existaient pas encore et que le ministère de l'information venait d'être dissolu depuis un peu moins de 2 ans.

L'atelier de Gépéto était un vrai havre de paix pour des bataillons d'araignées qui, embusqués parmi les planches entreposées, tissaient leurs pièges destinés aux insectes à larves xylophages. L'artisan respectait ces petits animaux auxiliaires, pourtant habituellement si mal considérés, tout autant que leurs toiles, faute de disposer à l'époque de l'aide de traitement de produits chimiques qui n'apparaissait que bien plus tard. Toute cette activité gratifiait le centre du village et donnait vie à celui-ci.

Chapitre 7
Les funérailles

Dans les années en question, le menuisier avait encore la charge de la fabrication des cercueils. Saisie par une famille endeuillée, il se rendait au domicile du défunt et prenait ses mensurations. De retour à son atelier, la mise en œuvre du sarcophage était traitée en priorité par rapport aux chantiers qu'il avait en cours, car au matin des obsèques, il devait livrer le cercueil et pratiquer la mise en bière avec l'aide de la famille en présence du maire ou de l'un de ses adjoints. Quand un habitant du village décédait, il était veillé toute la nuit qui précédait son inhumation. C'était alors un va-et-vient incessant, les gens se succédant au chevet du défunt de vingt heures jusqu'aux environs de six heures du matin. Des chaises étaient installées autour de son lit, les femmes y égrenaient des chapelets de prières et les hommes se recueillaient généralement debout, têtes découvertes et les bérets à la main. Quatre cierges, deux à la tête du défunt et deux à ses pieds, diffusaient une faible lueur qui faisait danser les ombres des veilleurs. De temps à autre, et à tour de rôle, les hommes et les femmes prenaient la direction de la cuisine où se tenaient les proches du défunt pour parfois se réchauffer et faire honneur aux petits gâteaux, boissons chaudes ou alcools qui recouvraient la table.

Tous les miroirs de la chambre funèbre avaient été soit retournés, dépendus ou recouverts d'un drap pour les plus grands, comme les glaces des armoires, un peu comme s'ils devaient rester des témoins discrets de la vie du disparu. Après une ou deux heures passées ainsi, chacun reprenait alors le chemin de son domicile pour finir sa nuit ou vaquer à ses occupations matinales, non sans avoir omis de bénir le corps avec une branche de buis trempée dans un bol d'eau bénite. L'habillage du cercueil était sommaire et se limitait exclusivement à un lit de copeaux répartis sur tout le fond de la bière, d'un drap servant de linceul et d'un oreiller. Peu de temps avant la messe, les porteurs se présentaient au domicile du défunt, et la famille en cortège derrière eux prenait la direction de l'église dont les cloches sonnaient le glas.

Le curé attendait sur le parvis de l'église de Saint-Saulge, les portes de l'église étaient ouvertes en grand, il accueillait la famille qui se regroupait alors en cortège derrière lui et les enfants de chœur, tous entraient alors au son des chants des fidèles déjà réunis et le cercueil était disposé sur des tréteaux, dans l'allée centrale à proximité du chœur de l'église. La cérémonie terminée, la procession se poursuivait en prenant à présent la direction du cimetière où le fossoyeur venait souvent tout juste de finir les travaux de terrassement de la tombe. Le cercueil était ensuite descendu dans la fosse par les porteurs et c'était le temps de la dernière bénédiction et des interminables condoléances et remerciements. La famille disposée en rang d'oignons voyait ainsi passer devant elle le cortège des habitants du village serrant les mains et recevant l'accolade des femmes et des enfants.

Le moment était ensuite venu pour la famille de rejoindre le domicile du défunt où une table bien garnie attendait tout ce petit monde de mortels pour le verre de la séparation. Là, on trinquait à la mémoire du défunt, rappelant les bons moments passés à ses côtés et ajoutant souvent que s'il était encore là, il serait heureux d'une telle assistance. Pendant ce temps, le fossoyeur qui avait discrètement reçu sa petite pièce refermait la tombe, maintenant et subitement désertée par tous.

Aux environs de midi trente, la famille se retrouvait autour d'une grande table pour le repas d'enterrement, le curé n'était pas oublié, lui aussi, tout comme les porteurs, il recevait sa petite enveloppe pour ses bonnes œuvres, et parfois, prenait place au beau milieu des convives. Vers le milieu de l'après-midi, chacun repartait à ses occupations non sans rappeler qu'il restait disponible et ouvert en cas de besoin. Cette fois, la page était bien tournée, les très proches retournaient alors un instant au cimetière pour arranger la tombe toute fraîche et disposer au milieu les fleurs et autres marques de sympathie qui y avaient été déposées.

Chapitre 8
Les puces

Je dormais chez Louise et Gaby de temps en temps en compagnie de Lolo, quittant souvent pour plusieurs jours la Détorbe, la maison de villégiature de mes parents qui avait été achetée quelques années auparavant. La bicoque quelque peu délabrée, sans eau chaude ni chauffage, ne se trouvait seulement qu'à 3 kilomètres de Pouzy. Depuis plusieurs jours, tous les deux, on se grattait de plus en plus les fesses et nombreuses parties du corps. J'avais un moment soupçonné un instant mon petit cousin de m'avoir mis du poil à gratter dans mon slip kangourou ou mon marcel, mais l'importance des démangeaisons était telle, elles s'aggravaient de jour en jour. Après une enquête diligentée en règle, l'affaire était en fait beaucoup plus grave...

J'avais pensé un instant à des tiques, ces petits suceurs de sang, souvent postés en haut de la pointe des herbes attendant qu'une victime passe à leur portée, se jetant ainsi sur leurs proies pour les ponctionner. Une autre idée me vint : des aoûtats ? Ces acariens microscopiques qui vous piquent, vous grattant jusqu'au sang, le bas des mollets et des pieds. Mais non, en fait, nous avions tout simplement attrapé des puces. À cette époque, les animaux domestiques tels que les chats et les chiens, mais aussi les volailles véhiculaient les puces en abondance, les transmettant aux humains qui ne pouvaient compter que sur des répulsifs naturels tels précisément les feuilles de noyer. Devant la glace de la salle de bain, la culotte en bas des pieds, nous regardions nos culs rougis par les piqûres de ces bestioles. Un instant, nous comparions nos derrières à des mandrills ou des babouins aux postérieurs rouges et gonflés, que j'avais vus dans la célèbre émission *Les animaux du monde* de François de Lagrange. Je n'avais pas la moindre envie par contre d'être épouillé ou épucé par Lolo. Louise nous avait changé immédiatement les draps et la house du lit où de petits points noirs apparaissaient suspects. On se grattait à sang, nous étions alors affublés par Louise d'une ceinture de feuille de noyer (répulsif naturel), nos amulettes autour de la taille liée avec une petite corde. Nous ressemblions alors à deux jeunes petits rats de l'opéra en tutu, prêts pour un ballet moderne. Un instant, je me comparais à Joséphine Baker avec ses bananes en guise de paréo.

On se prenait alors à jouer à de grands guerriers sioux ou des apaches avec bandeau et plumes de volaille dans les cheveux. Je devenais alors le grand chef apache Sitting Bull et Lolo était devenu Geronimo. Nos cris de guerre indiens réveillaient souvent Louise qui s'était assoupie dans sa chaise longue sur la terrasse de la maison. On tournait autour d'elle en gesticulant et en criant des incantations indiennes. La réaction de Louise ne se faisait pas attendre, car mémé sortait rapidement de sa torpeur. Il fallait alors vite déguerpir du coin pour ne pas se recevoir quelques coups de martinet de l'adjudante, déjà on entendait claquer les lanières de cuir du martinet. Lolo avait voulu une fois viser Marie-Louise à l'aide de son lance-pierre et je lui en avais dissuadé tel « David contre Goliath », le gamin étant téméraire et courageux face à la grande adversité de la grand-mère.

On avait garni également de feuilles de noyer le lit, le sol de la chambre jusqu'à nos chaussettes comme des talismans… Les insectes piqueurs et suceurs avaient enfin disparu définitivement au bout de quelques jours… Les nuits redevenaient calmes où nos prurits avaient irrévocablement pris fin. J'ai appris quelques années plus tard dans un livre que les hommes qui, au quotidien, côtoyaient de près les chevaux ne craignaient pas ce petit insecte sauteur qui, en effet, a la particularité de détester l'odeur du cheval qui imprégnait alors durablement leurs vêtements. Le phénomène avait déjà été observé dans les moments des grandes épidémies de peste, alors que les cochers qui conduisaient les corbillards hippomobiles étaient souvent épargnés de la contagion. Un instant, en repensant à cette petite histoire rocambolesque, une irrésistible envie de me gratter me reprend soudainement…

Chapitre 9
Les Marchands ambulants

Si vous avez passé votre enfance à la campagne, ou si tout comme moi vous alliez en vacances dans un petit village de France, vous avez forcément connu ces marchands itinérants qui klaxonnaient depuis leurs camions pour signaler leur arrivée et vendaient du pain et de la viande, ou toute autre denrée. Il y avait même qui faisait commerce des vêtements et du linge de maison. Les camelots, c'était l'idéal pour nous dans notre petit village reculé de Pouzy, étant éloigné de tout. Les principaux grossistes venaient du bourg de Saint-Saulge avec sa célèbre légende de la vache sur le toit de l'église si bien racontée dans mon roman *Souvenirs d'enfance*. Le boucher passait deux fois par semaine et l'on ne mangeait pas de la viande à chaque repas. Souvent, le soir, même en plein été, on avait droit à la soupe de haricot blanc à la tomate de Gaby, avec en dessert des petits suisses agrémentés de sucre semoule. Les passages réguliers des marchands dans la grande rue donnaient un peu d'animation au village, je me souviens très bien de leur coup de klaxon si particulier en fin de matinée. On était content de rencontrer tous ces colporteurs, ça rythmait un peu nos journées. Louise discutait et échangeait quelques banalités de la vie courante ainsi que les potins du coin.

Je le revois encore avec son immense tablier blanc de boucher qui lui couvrait les jambes et une seule épaule avec son petit crayon de papier derrière l'oreille. À l'intérieur du tube Citroën « HY », il y avait un étal avec un billot en bois pour pouvoir découper la viande et les carcasses, une vitrine réfrigérée, une balance et des rayonnages. De petits quartiers de viande accrochés à des esses se balançaient de droite à gauche comme des danseuses au gré des mouvements des pas du boucher dans son véhicule. Tous ces petits commerçants ont contribué à la vie de nos villages. C'était particulièrement le cas dans les années 70, une période charnière où la désertification rurale s'accentuait de plus en plus. Souvenez-vous des supérettes de l'époque ! C'était « Felix Potin, Codec, et Shopi » et les grandes surfaces « Prisunic et Continent ». Pour les boutiquiers de Saint-Saulge, se lancer sur les routes et faire des tournées en s'arrêtant dans les nombreux hameaux des environs, c'était une manière de partir à la conquête de nouveaux clients et de permettre à leurs établissements de survivre, car la plupart avaient des magasins basés dans une ville aux alentours.

C'était souvent d'ailleurs les conjoints qui les tenaient. Rappelez-vous dans mon roman *Souvenirs d'enfance*, quand je racontais la tournée de l'épicier.

— Et avec ça, ma p'tite dame, qu'est-ce que je vous sers ?

Mais le plus connu de ces camions de marchand ambulant et le plus utilisé a été le fourgon Citroën « HY », parfois appelé tube (acronyme de traction utilitaire type b). Ce robuste camion à la carrosserie ondulée caractéristique et au « nez de cochon » si reconnaissable était relativement léger, fiable et facile à réparer. De plus, son plancher était assez bas avec une hauteur intérieure de 1m85. De la bétaillère à l'ambulance, en passant par les pompiers et la police, le « panier à salade » (une allusion à sa capacité à secouer ses occupants). Les clients pouvaient être abrités et servis à l'arrière du véhicule et sur le côté grâce à un panneau latéral. Je me souviens qu'un marchand de vêtements et de linges passait une fois par mois à Pouzy. Louise lui achetait des tabliers, des combinaisons ou des draps. Le boulanger, lui, avait une 2 CV ou Acadiane, je ressens encore dans mes narines les effluves des croissants et du pain de campagne cuit au fournil, mon péché mignon croqué à grands coups de dents la corne du croissant.

Il y avait un ramasseur de peaux de lapin qui passait régulièrement chez les Morel pour se réapprovisionner, le vieux ayant un élevage assez conséquent, j'avais appris bien plus tard que les peaux servaient par la suite à faire des manteaux de fourrure ou des chapeaux. Il y avait les récupérateurs de vieilles ferrailles, le rémouleur qui passait à votre domicile pour aiguiser à la meule les lames des instruments tranchants allant des couteaux de cuisine aux outils de jardinage comme les faux, scies et des premières lames de tronçonneuses. Des marchands moins traditionnels, tels que les marchands de paniers et d'articles en osier et les rempailleurs de chaises souvent pratiqués par les gens du voyage. Moins connus et pourtant très utiles étaient les cardeurs de laines et les matelassiers, ces véritables artisans confectionnaient des oreillers, et des édredons en plumes d'oie et des matelas. Je me rappelle certains soirs où nous étions tous très dissipés avec ma sœur et mes cousins, où après une bataille de polochons remplis de ses petites plumes de canard et d'oie légères et délicates, certaines s'étaient échappées et volaient encore dans les airs comme un astronaute en suspension dans l'apesanteur de l'espace. Les sommiers, quant à eux, étaient fabriqués par des tapissiers. Tous ces jolis petits métiers étaient pratiqués au domicile du demandeur, aujourd'hui un certain nombre de toutes ces professions ont totalement disparu.

Chapitre 10
Les Hannetons

Dans les années 70, la pratique du remembrement des propriétés avait fait disparaître un certain nombre de vergers situés à Pouzy, aidé en cela par l'apparition des premières tronçonneuses, les villageois abattaient leurs fruitiers pour en faire du bois de chauffage et avaient dû céder leurs parcelles en échange de terre de culture. Le verger du père Morel, lui, était resté intact, jouxtant sa ferme, les murgers étaient entourés de murs ou de murets de pierres plates. On y trouvait des sujets de variétés anciennes et rustiques bien adaptés à la nature du sol et du climat, des cerisiers généralement greffés sur des merisiers, ce qui leur conférait des dimensions imposantes, des pruniers, des pommiers, des poiriers et quelques cognassiers…

Gaby m'avait rapporté que certaines années d'avril, quand les gelées printanières étaient fortes, le père Morel sortait des braseros qui restaient allumés plusieurs jours, sous les arbres, alimentés par de vieux sarments de vigne. La chaleur incandescente gardait une température constante au-dessus de zéro, cela évitait ainsi d'avoir un excès de gel sur les bourgeons et les fleurs naissantes, cette pratique empêchait d'avoir une mauvaise récolte et surtout d'avoir de beaux fruits par la suite.

Les pommiers eux étaient de variétés différentes dont la maturité des fruits s'échelonnait tout au long de l'été. Il y avait l'excellente pomme précoce à la peau d'un beau vert tendre et à la chair blanche et juteuse qu'il fallait consommer immédiatement au point de justifier sa distribution dans tout le village, puis toutes les variétés rustiques de l'époque qui se conservaient plus ou moins longtemps au fruitier. Le fruitier étant un petit local aéré qui servait à stocker toutes sortes de marchandises, confitures, fruits, pomme de terre et pâtes de coing. Le père Morel avait besoin de notre aide pour un hannetonnage en règle dans son verger. Ces messieurs les coléoptères étant beaucoup trop nombreux, les bestioles dévastaient ses arbres. Une opération à mener de main de maître devait être réalisée le lendemain matin avec l'accord bien sûr de Louise et de Gaby.

À cette époque, les insecticides étaient peu employés et les hannetons une nuisance pour les arbres fruitiers. Les larves bien dodues avaient de nombreux ennemis naturels, à commencer par le corbeau Freux ou la chouette Athéna, souvent l'oiseau noir mal aimé était exterminé par les chasseurs des alentours, ce qui ne plaisait pas vraiment au fermier qui voyait plutôt l'oiseau comme un auxiliaire précieux. La chevêche, quant à elle, nichait dans un creux d'un pommier, le verger étant son biotope préféré, étant également une alliée du cultivateur. Il fallait y rajouter les hérissons, les mulots et certaines chauves-souris et carabes. Pie-Grièche écorcheur et huppe fasciée rôdaient également dans les environs pour prendre leur part au festin. Le hanneton avait alors une place très importante dans la chaîne alimentaire, nourrissant nombres d'animaux. Les hannetons ne volaient guère le jour et se cachaient sous les feuilles en grand nombre, dévorant ces dernières goulûment, et suçaient la sève des arbres. Sa larve était redoutable, elle rongeait les racines et ralentissait inexorablement leur croissance.

Le jour J, le père Morel dirigeait les opérations, celle-ci était très simple, les bestioles digéraient leurs banquets nocturnes engourdis par la rosée encore fraîche du matin sur les feuilles des arbustes. On étendait de grandes toiles ou draps blancs sous les arbres, puis munis de bâton de maquignon, nous tapions, de toutes nos forces, dans les branches, les insectes à moitié endormis par leurs bombances de la veille tombaient lourdement à terre. Souvent, nous jouions avec nos bâtons, nous comparant à des chevaliers de la Table ronde, le hannetonnage dérapait et des rixes étaient nombreuses sous les cris du père Morel qui remettait de l'ordre dans tout ça, certains coups reçus faisant mal avec, pour toute récompense par la suite, de gros bleus. On recueillait par la suite les hannetons dans de vieilles boîtes de biscuits en fer blanc. Certains s'introduisaient sous nos affaires, nous faisant tortiller des fesses, l'animal nous grattant la peau avec ses élytres et ses pattes crochues. Les larves étaient données aux poules de Gaby et les adultes tout simplement noyés.

Avec Lolo, nous en avions gardé plusieurs pour le jeu, nous les avions mis ensuite dans une grande boîte avec un lit de feuilles de marronnier et de temps en temps des feuilles de laitue. Le soir, on ouvrait la boîte et, attirés irrésistiblement par la lumière, les insectes sortaient tous avec un bruit d'hélicoptère et se mettaient à tourner autour de la lampe, c'était l'amusement ultime. Pour les rattraper, on tendait les bras et avec un peu de chance, les hannetons se posaient sur le bout de nos doigts. Puis nous les laissions à nouveau dormir dans leur boîte jusqu'au soir suivant, et quand l'un d'eux venait à disparaître, c'était une larme et puis un enterrement dans une boîte d'allumettes avec un bout de coton hydrophile pour qu'il n'ait pas froid. Je garde de ce hannetonnage et de tous ces jeux de très bons souvenirs…

Autrefois, les hannetons communs volaient par centaines autour des champs, au grand désarroi des agriculteurs, car ces insectes sont de très grands ravageurs. Aujourd'hui, les modes de production agricole ayant changé, la terre dans les champs étant trop souvent retournée, les larves de hanneton n'ont plus le temps de vivre les trois à cinq années nécessaires à leur développement sous terre. Les hannetons sont donc devenus plus rares, et l'on connaît moins leur vol lourd, imprécis et maladroit. Une nourriture conséquente disparaît pour nombre d'animaux qui s'en nourrissaient.

Chapitre 11
Le mât de cocagne

Jeu traditionnel par excellence, le « mât de cocagne » dominait la fête foraine de Saint-Saulge et présentait aux habitants, jeunes et moins jeunes, une variété de produits du terroir à gagner. Le mât d'une hauteur de 6 mètres était peint aux trois couleurs du drapeau français, le dispositif était simple, car ce jeu trouvait ses origines rurales. Au sommet d'un vieux poteau en bois des postes et télécommunication qui était extrêmement lisse, étant enduit de graisse et de savon noir, se trouvait une roue de charrette en bois, ou une roue de bicyclette en métal, à laquelle étaient suspendus des lots à gagner « les cocagnes ». Il y en avait pour tous, des patins à roulettes, des montres, des peluches, des jambons, des bouteilles de vin et même une oie vivante. La cocarde tricolore étant suspendue à la pointe du piquet.

Selon la légende, le pays de cocagne était la partie du Languedoc qui composait l'ancien duché du Lauraguais, contrée imaginaire apparue au Moyen Âge. C'est là que se fabriquaient des pains coniques formés avec la feuille écrasée de pastel, et désignés sous le nom de coques ou coquaignes de pastel. Les coquaignes (plantes) qui servaient à la teinture ont été pendant longtemps une source de richesse pour le pays. De là est venue l'idée de comparer les pays riches et heureux au pays où se fabriquaient les coquaignes. En répétant le mot, on a forcé l'idée, et pays de cocagne a fini par être synonyme de félicité parfaite, mais revenons à notre histoire…

La foule était toujours nombreuse pour assister à la tentative d'un courageux qui bravait les quolibets et les glissades, cherchant à décrocher un lot. La masse des spectateurs contrastait avec l'aspect individuel de l'exploit. On était pris à applaudir la réussite du candidat (tout en espérant plus ou moins ouvertement l'échec de son entreprise).

Les cris et la ferveur étaient nombreux dans la foule, j'attaquais le premier, le mât de cocagne devant un Lolo ébahi, la tête levée devant tant de douceurs qui nous tendaient les bras pour que toutes ces victuailles viennent à nous. Mais notre choix ne s'arrêtant que si nous étions vainqueurs avec un seul lot à acquérir. Les deux premiers mètres étaient compliqués à gravir, et au fur et à mesure de la grimpette, je redescendais constamment les mètres que j'avais montés. Un peu comme un yoyo, je voyageais de bas en haut et vice versa. Après plusieurs tentatives, n'ayant plus de force dans les bras et les jambes, j'abandonnais et me laissais glisser tout doucement en bas du madrier sous les huées de la foule, j'étais alors devenu le marmiteux de Saint-Saulge… C'était ensuite au tour de Lolo de monter, mon petit cousin étant beaucoup plus leste que moi, je l'avais déjà vu grimper dans la cabane en bois du grand chêne dans ses branches puissantes et tortueuses. Comme un gibbon, il était impressionnant d'agilité. Le microbe avait commencé son ascension sous les hourras de la vindicte populaire en quelques minutes et, pieds nus, Lolo avait réussi à monter tout en haut et saisissait un gros jambon qui devait presque faire son propre poids.

Il avait grimpé aussi vite qu'un petit ouistiti qui serait monté à un cocotier, il avait eu une technique toute particulière en mettant ses pieds arqués et légèrement en diagonale, ce qui lui avait permis d'avoir une meilleure assise de progression. Une fois le microbe à terre, il exhibait fièrement dans une foule qui le haranguait son jambon de

4 kilos. On disparaissait aussitôt avec nos vélos en direction de Pouzy pour apprendre la bonne nouvelle à Louise et Gaby. Je me rappelle encore ce fameux jambon sec du Morvan ou j'ai encore des années après cette saveur si particulière et le goût de son sel sur ma langue. À défaut de la découverte du pays de cocagne, nous avions mangé du jambon pendant plus d'un mois. Je finirais enfin par ces quelques mots « La cocagne c'était où la nourriture était abondante et gratuite, et nul effort n'est nécessaire pour se la procurer. »

Chapitre 12
Rana Esculenta

Non loin de la Détorbe, dans une ancienne combe aux nombreux layons, s'étaient formées naturellement au fil du temps plusieurs mares. Cette petite lagune avait été colonisée par un nombre important de grenouilles vertes. On pouvait entendre à la tombée de la nuit depuis la terrasse de la bicoque, un concerto de coassements amoureux. Le soir venu, je levais la tête vers le ciel et j'apercevais une étoile filante, je me dépêchais alors de faire un vœu en pensant un instant à l'étoile du bouvier, nommée ainsi par les paysans de la Nièvre, l'une des plus lumineuses qu'il soit. Nous nous endormions, ma sœur et moi, dans nos lits de camp comme de petits coqs en pâtes dans nos duvets bien chauds. On rêvait de nos vacances ordinaires et à tous ces moments de vie hors du commun que nous vivions en pays nivernais, pas de télévision le soir, seuls les bruits et les murmures de la nature se faisaient entendre au moment du coucher. Riton avait décidé que, dès le lendemain matin, il nous emmènerait Lolo et moi à la pêche à la grenouille. Cathy, elle aussi, avait été invitée, mais elle avait refusé catégoriquement de participer à cet holocauste et de cautionner ce massacre, étant une farouche défenseuse des animaux. Je m'endormais déjà, tout excité, avec des papillons dans le ventre en rêvant à une pêche miraculeuse à l'issue de cette nouvelle aventure.

Nous étions le 10 juillet 1976, il faisait un temps magnifique, les herbes hautes ondulaient dans le marais sous la bise, constellées de toute part de coquelicots et de boutons d'or. Nous étions bien cachés tous les trois dans la roselière parmi les iris et les massettes, ce qui nous empêchait d'être vus par les batraciens. L'eau dégageait une odeur douceâtre, mi-agréable, mi-écœurante, mélange de plantes aquatiques, de vase et de végétation en décomposition. On pouvait apercevoir des clapotis de bulles de gaz qui venaient crever la surface de la mare. En ce début d'après-midi, l'activité battait son plein dans ce petit écosystème, une rousserolle effarvatte fantomatique chantait à tue-tête dans les phragmites qui dansaient avec le vent, une couleuvre à collier en embuscade ondulait dans les sphaignes et les mousses aux abords de la fosse, à la recherche d'une grenouille bien dodue. Les gerris, les patineuses de l'étang, prédatrices féroces et fossoyeuses de la surface de la mare, à la recherche du moindre insecte qui serait tombé accidentellement dans l'eau. On pouvait apercevoir de nombreux têtards formant d'énormes boules noires nager en nombre dans cette eau verdâtre, permettant ainsi à mieux se protéger des prédateurs environnants, nombreux ennemis guettaient, tels les larves de libellules aquatiques voraces, les diptyques, les chironomes et les bouvières.

Riton pêchait les grenouilles à l'aide d'une canne en bambou, une simple trique, munie d'un fil et d'un petit pompon rouge au bout. Papa agitait son bout de tissu rouge sous le nez de la première grenouille, sa tête dépassait juste au-dessus de la surface de l'eau entre deux nénuphars. C'était le temps des amours pour les anoures et, voraces comme pas une, elles se jetaient sur le petit bout de tissu que Riton leur présentait. Une fois prise, il suffisait ensuite de diriger l'animal au-dessus du sac de patates en toile de jute, la roussette s'apercevait alors du subterfuge et lâchait le pompon et tombait ainsi dans le havresac. Lolo était quant à lui beaucoup plus rêveur et moins préoccupé par l'action de pêche de papa, il s'était pris de tendresse pour une minuscule rainette verte qu'il promenait partout avec lui, voulant sûrement se prendre pour son prince charmant.

— Pouah !!!

Je me souviens qu'il exhibait souvent la bestiole par la suite à de nombreux camarades, la sortant allégrement de sa poche pour la poser sur le bout de son index comme un trophée. Le petit animal de couleur de la pomme « Granny Smith » se mettait soudainement à jacasser, faisant rire une grande majorité des enfants présents. Lolo pour moi était tout simplement tombé amoureux de madame Rainette. Les prises s'enchaînaient à une vitesse vertigineuse et nous avancions de mare en mare à la prospection d'autres victimes, le coup de patte de Riton était tout simplement ahurissant. Après deux heures de pêche intensive, nous arrivions à un nombre conséquent de plus d'une cinquantaine de grenouilles, il était temps d'arrêter.

Pendant que l'on rentrait tous les trois à la Détorbe, je commençais soudainement à cogiter et à me demander comment on transformerait les grenouilles vivantes qui étaient dans le sac en cuisses de grenouille ? La question ne m'avait pas effleuré avant… Il devait bien y avoir un moyen, on verrait bien. La perspective de ce massacre annoncé avait obscurci soudainement la fin de ma journée, un instant, je devenais un philosophe de la cause animale. Papa prenait un couteau effilé et m'en tendait un. Nous nous approchions tous les trois de la table de jardin, qui trônait dans la cour de la maison, avec le sac en toile de jute. Lolo grimaçait et moi je faisais une moue évidente à mon père. Je n'avais pas envie de zigouiller ces pauvres bêtes, je voulais tout simplement les ramener dans leur élément naturel, et ne plus jamais en entendre parler, mais il était trop tard et j'étais face à mon destin. « Sauveur ou assassin », je n'avais plus que l'un de ces deux choix à faire.

Je n'osais dire mon approbation à Riton, tout en discutant de la sauce à la crème qui allait bientôt accompagner les créatures, papa disposait un grand sac poubelle, à côté de la table et un plat pour disposer les cuisses.

— Regarde, c'est simple, m'a dit mon père.

Le couteau dans sa grosse paluche, il attrapait de l'autre une des grenouilles dans le sac. J'avais à ce moment-là un large frisson qui parcourait mon échine, quant à Lolo, il avait fermé carrément les yeux. Il sectionnait la grenouille en deux au-dessus du bassin, enlevait la peau des pattes comme un pyjama, et jetait le reste de l'animal dans la poubelle.

— Tu vois, c'est à la portée de tout le monde.

Je regardais mon couteau, et regardais à nouveau la deuxième grenouille se faire occire, puis la troisième et ainsi de suite…

— Bah alors, qu'est-ce que tu attends ? s'est-il étonné.
— Non, je ne peux pas, cela me dégoûte, ai-je répondu.
— Bon, laisse tomber, je vais le faire moi-même, a-t-il conclu.

Les roussettes s'entassaient les unes au-dessus des autres dans le sac poubelle. Les yeux me fixaient, elles ne clabaudaient plus, elles étaient encore vivantes et à aucun moment Riton ne les avait tuées. Elles ouvraient un large bec de temps en temps, comme pour prendre leur respiration. Cela me rappelait ces horribles expériences au collège de Jean Zay à Bondy, en sciences naturelles avec ces dissections de grenouilles et de souris.

— Beurk !!!

Elles ne pouvaient, hélas, plus s'enfuir d'un bond et pour cause, étant donné qu'elles n'avaient plus de pattes arrière et elles ne comprenaient pas pourquoi. La dernière était enfin dans le sac, elle me regardait, des centaines d'yeux me regardaient fixement quand je refermais définitivement le sac. C'était fini, elles ne verraient plus jamais la lumière du jour, je me voyais jeter le sac dans la poubelle comme dans un mauvais rêve. J'avais décidé de ne plus jamais manger de cuisses de grenouilles.

Cette histoire date d'il y a plus de 45 ans, aujourd'hui toutes les variétés de grenouilles sont protégées en France et de toute façon, les pesticides, insecticides et la destruction de leur habitat, notamment la disparition de nombreuses zones humides remplacées souvent par des zones commerciales ou des parkings, avaient exterminé nos belles roussettes plus vite que nos barbares pêcheurs de grenouilles. Ainsi se finit cette histoire.

— Crôa !!! Crôa !!!

Chapitre 13
Pilou

Mon oncle Dédé avait un berger allemand d'une beauté toute particulière. Pilou était un chien d'attaque, doué d'une très grande intelligence, il vivait la vie parisienne dans la commune d'Aubervilliers où il gardait le magasin de surgelés de mon oncle Dédé et de ma tante Carmen. Pilou était inféodé à son maître et n'écoutait que lui, lui obéissant totalement. Les ordres étaient donnés et le chien réagissait au quart de tour, une complicité extraordinaire était née entre ces deux êtres. À Pouzy, le chien puissant gambadait dans les parterres d'herbes hautes, faisant décoller au passage papillons et criquets. Un soir, nous étions tous partis à la chasse au dahu, où mon oncle Dédé sifflait constamment pour appeler le dahu. Pilou se trouvant à quelques kilomètres de là, sentant l'appel de mon oncle et le pensant en grand danger, le chien avait alors dévoré la moitié de la porte de la grange de la Détorbe et avait creusé avidement de ses pattes puissantes et griffues le sol où il avait été enfermé.

À l'âge de dix ans, Pilou a rejoint le paradis des chiens, il reposait maintenant en paix dans la tombe que nous lui avions faite dans le jardin de Gaby, près de Popeye la tortue. Mon oncle ne s'est jamais remis de la mort de son chien si exceptionnel, il a pris d'autres bergers allemands par la suite, pensant retrouver son pilou, hélas, ce ne fut pas le cas, il a été très déçu. Je me remémore encore aujourd'hui dans ma tête, avec un léger pincement au cœur, Pilou qui nous accueillait avec son long museau, son pelage noir et fauve, ses aboiements et la fête qu'il nous faisait quand il nous voyait tous, nous, les gosses de Pouzy.

Chapitre 14
La pêche aux écrevisses

Le petit ruisseau qui serpentait à travers le petit village de Pouzy venait alimenter en eaux fraîches les trois lavoirs du village, puis traversait un étang pour reprendre sa course effrénée en direction des Serrées. Dès les premières chaleurs estivales, le Nivernais devenait vite étouffant pour nous, nous n'avions plus qu'une seule idée en tête : avoir l'autorisation de se baigner et plonger dans l'étang qui jouxtait la maison de Jacques et Jeannine (mon oncle et ma tante). On grenouillait alors dans cet étang aux hauts fonds herbeux, quelques saules pleureurs aux racines chevelus ombrageaient une rive, nous faisant un peu d'ombre sous un soleil qui était à son zénith. Les courants d'eaux froides venant du petit ru contrastaient avec la chaleur de l'eau chaude de l'étang qui nous saisissait à chaque brasse, passant d'une moiteur certaine à un grelottement en règle, nous donnant la chair de poule comme les cocottes du père Morel. L'eau était acide et le fond tourbeux rendant l'eau légèrement teintée comme du café dilué. Nous n'étions pas très rassurés de ne pas voir le fond de la barbotière en imaginant nombre de monstres marins. Après cette baignade, on se prélassait en bord de berge et nous imaginions dans nos chères petites têtes blondes et brunes la suite de nos vacances ainsi que nos prochaines aventures.

Pendant que nous rêvassions en bordure de la berge, les pieds dans l'eau, en tétant à grandes goulées de la limonade bien fraîche. Un héron cendré emmanché d'un long bec pêchait des écrevisses de Louisiane. L'ardéidé était immobile, les pattes dans l'eau, et de son long bec fusiforme, il harponnait comme une fusée les crustacés les uns après les autres. J'avais donc décidé avec Lolo d'organiser une pêche de ces fameuses petites écrevisses dont raffolaient Louise et Gaby. L'endroit était superbe et de nombreuses caches y étaient présentes, un arbre mort dans l'eau suite à une tempête, un ponton en bois pour bateaux, une vieille barque coulée, un herbier de joncs à massette, c'était à ces endroits que je voulais déposer mes balances à écrevisses. Elles avaient également élu domicile dans des terriers sous les bordures de l'étang émergeant seulement de leurs cachettes au crépuscule pour se nourrir.

Omnivore et très invasive, la bébête venait d'Amérique du Nord (les bayous, Louisiane). Les écrevisses étant arrivées par le canal du midi dans les années soixante, elles se maintenaient dans les canaux, dans les gravières, et dans presque tous les plans d'eaux abondants en Bourgogne où la chaleur avait tendance à grimper l'été. Elle dévorait tout, des détritus aux plantes, carnassières, elles s'attaquaient aussi aux espèces lentes comme les larves de têtards et de libellules, les escargots aquatiques. Le plan d'eau grouillait littéralement de ces animaux qui se reproduisaient à une vitesse faramineuse. La nuit, elles adoraient s'aventurer hors de l'eau comme l'anguille pour grignoter de jeunes pousses de crudités, un ver de terre ou un insecte.

J'avais réclamé à papa ces deux bourriches en fer pour m'en faire des balances à écrevisses. Il avait souri, retrouvant en moi le fils d'un pêcheur émérite. Il avait donc quelques conseils à me donner.
— Comme préparatifs, il faut que tu mettes une ficelle d'attache aux panetons pour pouvoir les remonter sans les perdre dans l'eau.

— Et après ?

— Une planchette de couleur reliée à ta ficelle, qui sert à enrouler la cordelette, et ainsi repérer tes balances une fois dans l'eau. Au fond de celle-ci, il faut accrocher un gros plomb à lester pour qu'elle puisse bien couler. Des bouées en liège seront nécessaires, elles maintiendront les trois brins de ficelles nouées au cercle métalliques, les bouées serviront principalement à la descente de tes balances dans l'eau, ce qui évitera qu'elles se retournent. Il faut ensuite placer un vieux collant de maman à l'intérieur puis ajouter l'appât qui te convient.

Nous étions ébahis, Lolo et moi, de la technicité des réponses apportées par Riton.

— Merci, papa !!!

J'avais ainsi piqué une vieille paire de collants à maman, et pour l'appât, j'avais soudainement eu une idée de génie.

Les eaux dormantes de l'étang se montraient irremplaçables pour une belle pêche à la balance pour les appâts, je savais que la rouge percevait particulièrement l'odeur et le goût et qu'elle adorait le sucre et la graisse qui lui fournissait l'électricité nécessaire pour vivre. Elle appréciait également le sel pour lutter contre le dessèchement continu de ses tissus. J'avais donc intérêt à sélectionner des appâts salés. Avec Lolo, on avait taillé, à l'aide de nos opinels, des bouchons avec de vieux morceaux de chêne-liège que l'on avait récupérés chez le menuisier Gépéto. On les avait ensuite glissés dans les cordelettes des bourriches comme flotteur. Un soir, un scandale sans nom avait éclaté à Pouzy où Louise avait découvert un énorme larcin, un joli bout de petit salé cuit au torchon qui lui restait, qui flottait et confisait dans de délicieuses lentilles du Puy, avait disparu de la cocotte en fonte. Un moment, les regards avaient été portés sur Caroline, la petite chienne Pinscher, j'avais insisté lâchement pour faire accuser le molosse que je ne portais pas vraiment dans mon cœur, Lolo hochant la tête juste derrière moi, comme pour acquiescer et donner le coup de grâce au chapardage du canin. Mais, la condamnation de sa duchesse n'avait pas marché et l'adjudante avait mené une enquête dans toute la famille pour connaître la vérité, mais sans jamais vraiment trouver le coupable, personne n'ayant dit mot. Louise avait juré et tempéré si fort qu'elle maudissait et patafiolait le voleur. Vous, chers lecteurs et lectrices, vous aviez déjà deviné qui avait fait le coup, bien sûr… Le petit salé était bien caché à la vue de tous dans la cave, emmitouflé dans un vieux torchon dans un endroit connu de nous seuls.

Le soir, à la tombée de la nuit, munis de lampes de poche, on était partis à l'étang pour poser nos balances. Les bas de maman accrochés au fond des bourriches serviraient à piéger les bestioles, et le magnifique petit salé de Louise, en guise de dîner, avait été découpé et réparti dans les balances pour langoustines. À présent, il ne suffisait plus qu'attendre une à deux bonnes heures, les écrevisses ne sortant en général qu'à la tombée de la nuit. Nous étions assaillis par les moustiques et les papillons de nuit qui venaient tournoyer autour de nos lampes de poche éclairées. En ce début de nuit, un calme sidéral régnait dans l'étang, où seulement quelques coassements de grenouille se faisaient encore entendre, uniquement interrompus par quelques cris lugubres d'un quelconque oiseau de proie. Nous n'étions pas très rassurés par cette nuit noire où seule la récompense si désirée nous attendait comme un cadeau du ciel et de la nature. Je repensais alors à Totoche dans l'étang du Merle où le plus célèbre boucanier du Morvan avait un plaisir si particulier à braconner dans cette belle nature nivernaise. Après plus de deux heures d'attente, excités comme des puces avec des papillons dans les ventres, nous remontions nos balances alourdies dans des clapotis d'eaux, remplies de ces tendres crustacés que je m'empressais de les transférer dans ma besace, 3 kilos grosso modo avaient été pris et cela était largement suffisant pour en faire un bon repas. Le petit salé de Louise avait plu et nous rentrions tard dans la nuit dans nos pénates où sans bruit nous pédalions sur la communale. Je me dépêchais de ranger le magot si convoité dans le petit réfrigérateur de la cuisine, ces bestioles que nous allions nous apprêter à manger dès le lendemain midi. La surprise serait donc totale pour mes grands-parents.

    Le lendemain matin, Lolo et moi nous étions levés presque à l'aurore pour pouvoir montrer notre butin. Au moment de la préparation de la recette tant attendue de Louise sur les coups de midi, les écrevisses étaient versées dans une énorme jatte en terre cuite d'où elles essayaient de s'échapper en se dressant sur leurs pattes, se grimpant les unes sur les autres, comme pour se faire la courte échelle tout en levant leurs pinces menaçantes, tentant d'essayer de regagner leur élément naturel. Il fallait à présent les châtrer, il suffisait pour ça de pincer la nageoire centrale et d'opérer par la suite un mouvement de haut en bas sans forcer puis tirer tout doucement vers l'extérieur. On préférait châtrer les écrevisses vivantes afin de ne pas infliger la présence de ce boyau disgracieux et fort peu appétissant. Le geste était cruel pour assouvir notre faim de petit parisien. Louise s'affairait à préparer son court-bouillon avec ses aromates qui embaumaient toute la petite cuisine, Gaby débouchait en compagnie de Riton un muscadet de derrière les fagots. Lolo mettait la table avec maman. J'avais soudain une idée saugrenue et je n'étais pas le dernier pour faire une bêtise et pour embêter mon petit cousin Lolo. Je décidais de prendre deux écrevisses bien vivaces que je mettais dans sa culotte. Le microbe, pris de panique, se mettait à hurler comme un diable tout en gesticulant et courant je ne sais où, prenant la poudre d'escampette avec les crustacés au derrière ! Louise me réitérant d'un Fougique ! Fougique ! Traduction en patois (ne tiens pas en place). Les écrevisses lui faisant ainsi payer chèrement leurs captures en le pinçant fortement aux fesses. Tout le monde alors se mettait à rire aux éclats, même Louise… Cette pêche aux écrevisses fut l'un de mes jours les plus heureux…

Chapitre 15
Raminagrobis

16 juillet 1976, tous les soirs depuis peu dans la grande rue, il y avait du rififi, un chat haret de couleur noire venu de je ne sais où faisait la loi à Pouzy. Les cris réitérés des minous nous réveillaient chaque nuit, où les poubelles en fer valdinguaient avec des miaulements et des feulements de tigre. Le matou rôdait aux alentours de la maison pour se mettre quelque chose sous la dent. Gaby avait beau le chasser, le greffier téméraire et sûr de lui revenait sans cesse à la charge rôder dans les parages. Un matin, je l'avais surpris avec un joli merle dans la gueule, emportant sa victime fraîchement tuée pour aller la dévorer dans un buisson proche. Une autre fois, monsieur faisait ses besoins dans le potager de Gaby, ce qui ne gênait en rien mon grand-père puisqu'il déversait régulièrement ses tinettes dedans, donc cela faisait de l'engrais disait-il !!! Depuis plusieurs jours, le minet avait totalement disparu, c'est alors que j'avais décidé d'aller faire un tour à Saint-Saulge où je découvrais avec stupéfaction et tristesse à la sortie du village celui-ci complètement rétamé et occis sur le flanc au bord de la route. Le greffier avait été victime d'une terrible collision avec une voiture.

J'avais averti mon second, Lolo, pour qu'il vienne voir la scène de crime et relevé les empreintes. La chaleur était accablante et chaque jour supplémentaire passé sur le macadam, le minou gonflait à vue d'œil, devenant de plus en plus putride, rempli de mouches à merde qui venaient allégrement pondre dans son petit corps. L'odeur devenait insupportable et n'ayant pas de cantonnier dans notre petit village, j'avais pensé un instant que la charogne serait enlevée par un renard ou une martre. Une buse variable tournoyait déjà dans le ciel de ses piaillements répétés, le busard de ses yeux perçants avait repéré sa proie, mais le rapace étant craintif, nul doute que l'oiseau ne viendrait s'aventurer au village. On avait averti Gaby qui avait dit qu'il allait s'en occuper pour enterrer la bête dans un coin du jardin et lui faire une sépulture digne de ce nom. Le trou avait été creusé péniblement dans une terre sèche et dure. J'avais déjà taillé de grandes branches souples de noisetier pour faire par la suite une grande croix que j'avais liée de peau d'écorce formant des croisillons autour du crucifix. Lolo, quant à lui, avait peint en noir sur une planchette le nom de Raminagrobis qui serait ensuite accroché à la sainte Croix. Une cérémonie funéraire était prévue pour le matou, mais serait écourtée due à l'odeur de la dépouille. Tout était fin prêt pour ses obsèques.

Le père Morel s'était arrêté devant le cadavre du matou en putréfaction et l'avait mis dans le coffre de sa 2 chevaux. Notre réjouissance œcuménique prévue devant être annulée à la dernière minute ayant tout vu du haut du promontoire du jardin qui donnait sur la route du petit village. Nous avions tout observé de la scène et, curieux des manigances du vieux, nous avions alors décidé avec Lolo de prendre nos vélos et de suivre incognito l'agriculteur. L'auto roulait tout doucement, pépé était souvent chargé à la piquette et aux tord-boyaux et les réflexes étaient lents. On parcourait alors la communale qui serpentait en laissant toujours un espace entre nous et lui. On avait des difficultés à le suivre dans les côtes où l'on perdait de vue la voiture.

Après plusieurs kilomètres, l'automobile s'était arrêtée devant un charmant petit étang qui appartenait au fermier. Il sortait alors le chat crevé et allait l'attacher par la queue à une grande branche de saule qui surplombait largement l'étang. J'avais enfin compris que le matou allait servir d'amorçoir pour pêcher les gardons. Au fur et à mesure que les asticots remplissaient la carcasse, ils allaient dégringoler par la suite dans l'eau au même endroit. Amorçant son coup gratuitement, le paysan étant économe, le père Morel avait de la suite dans les idées. Je revois ses gardons gros comme la main, pliés dans du papier journal que le père Morel donnait souvent à Louise. Pas une minute, je n'aurais jamais imaginé que les poissons s'étaient gavés d'asticots. Malheureusement, cette histoire s'est arrêtée là !!!

Miaou !!! Miaou !!!

Chapitre 16
Le cochon d'Inde

À la maison, c'était une vraie ménagerie, les perruches et les canaris chantaient à tue-tête dans la maison, on avait acheté des mandarins, ces petits oiseaux colorés qui venaient d'Australie. Des poissons exotiques, des discus et des cardinals, des guppys et des black Molly et enfin Pupuce, un magnifique cochon d'Inde ou cobaye femelle. Quand Pupuce était contente, elle couinait en faisant de petits sauts « couic » « couic ». Riton lui avait aménagé un petit havre de paix, une jolie caisse en bois faite avec des planches de récupération avec une petite cabane en forme de niche avec son nom écrit au-dessus en peinture noire. Elle était très caractérielle, elle aimait qu'on la gratte, mais des fois elle nous mordait comme pour nous dire d'arrêter de la caresser. Pupuce allait prendre ses premières vacances et partir dans notre Nièvre chérie dans notre vieille bicoque toute délabrée qu'était la Détorbe. La toiture était une montagne jurassienne, la façade vieillotte, juste de l'eau froide à un robinet et les toilettes au fond du jardin, mais qu'importe, nous étions heureux avec peu. Le voyage qui nous séparait de Pouzy n'excédait pas les 250 km, pourtant le voyage prenait pratiquement la journée pour arriver à destination. Des petites routes départementales aux très rares nationales, on prenait notre temps à cette époque pour circuler. Dans l'habitacle de l'auto, on se serait cru dans une animalerie avec toutes ces bêtes.

Mes parents, à peine arrivés dans la Nièvre, devaient partir en Lozère pour une affaire courante d'achat de terrain avec mon oncle Dédé et Carmen. Pupuce allait avoir un nouveau propriétaire pendant quelques jours, madame Pic, une voisine de Louise. Cette dernière était une femme affable et gentille comme tout et elle allait s'occuper de notre adorable cochon d'Inde, moi, j'étais gardé par Louise et Gaby, et les filles Marie-France et Cathy dormiraient chez la mère Pic. Lolo et Alain, quant à eux, avaient leurs propres maisons à Pouzy.

Mes parents étaient rentrés après deux jours de voyage et avaient voulu récupérer Pupuce, sauf qu'elle avait définitivement disparu, elle avait pris la tangente et voulu rejoindre son Amérique centrale. Nous n'avons jamais su ce qui était advenu de Pupuce, mais quelques années plus tard, les langues s'étaient déliées et nous avions appris que Pupuce s'était fait boulotter par le chien de madame Pic... Que le monde animal peut être parfois cruel... Non ?

Chapitre 17
La canicule

La chaleur devenait vite étouffante en pays nivernais, où des températures jamais égalées régnaient dans le petit village de Pouzy en ce 20 juillet 1976. La terrible canicule était là et il fallait faire vinaigre le matin pour entreprendre tout ce que l'on avait prévu de faire dans la journée, car sur le coup de midi, on se réfugiait vite dans la maison de Louise et de Gaby pour se mettre au frais. Les volets métalliques de couleur rouge étaient clos pour garder le peu de fraîcheur qui régnait dans la masure. La porte de la cuisine était restée ouverte, faisant un courant d'air avec la fenêtre de la salle à manger, on entendait le bruit du rideau à frange multicolore ondoyer dans ce petit courant d'air frais. Le petit transistor de Gaby allumé déversait des bribes de conversations à peine audibles comme un bruit de fond, ce qui nous berçait davantage dans notre sieste quotidienne. Dans la salle de bain, la chaleur était insupportable, le vasistas donnait plein sud et le soleil illuminait non-stop la petite pièce que j'avais surnommée « la petite scène de théâtre » suite aux nombreuses incartades de Gaby.

Les mouches à merde qui d'habitude étaient beaucoup plus joyeuses et agaçantes étaient comme prises d'une apathie galopante, les bestioles étaient amorphes, voire inexistantes. On transpirait tous à grosses gouttes, même la chienne Caroline qui, assise sur Louise, avait la gueule grande ouverte, la langue pendante, régulant sa température en haletant. Dehors, la fournaise était telle depuis plus de trois jours que le potager de Gaby commençait à manquer d'eau, la terre craquelait et les légumes se desséchaient sur pied.

Le petit ru de l'étang Garrot qui coulait entre les terres de notre village avait perdu de sa force, celui-ci alimentant les lavoirs, leurs niveaux devenaient inquiétants, piégeant de nombreux animaux aquatiques les laissant ainsi vivre dans un élément de peau de chagrin. Les abreuvoirs des bêtes étaient asséchés, la fontaine du village presque tari ne jaillissait plus qu'un fin filet d'eau.

Les maïs du père Morel se racornissaient sur pied de jour en jour où la touffeur était accablante avec ses rayons qui dardaient de plus en plus, les têtes en bas tout penauds, chétifs, n'ayant point poussés, ils ressemblaient à des marionnettes où à de pauvres épouvantails tout tristes. L'asphalte de la communale constitué de castille et de goudron fondait comme beurre au soleil. Des mares de mélasse apparaissaient sur le bord de la route, il fallait alors être vigilant quand nous pédalions pour éviter les mares de sirops goudronneux. Les lézards des murailles d'habitude si actifs à la recherche d'un petit moucheron à se mettre dans le gosier, se prélassant auparavant au soleil sur la terrasse, avaient disparu et rejoint les anfractuosités des murets de pierre pour se mettre au frais. Le village semblait immobile et fantomatique, comme si le temps s'était arrêté. Les portes des granges et des hangars, les persiennes, tout était fermé.

La vie de tout un village venait de s'arrêter, les grillons nombreux et les courtilières chantaient à tue-tête. Les oiseaux s'étaient évanouis des champs, des jardins et des combes pour regagner le bois de la Rapine, beaucoup plus froid et ombragé à leur goût. Seules les hirondelles rustiques continuaient à papillonner dans un ballet incessant, nourrissant leurs dernières nichées qui partiraient bientôt en Afrique subsaharienne. De la fenêtre entrouverte, je pouvais voir le manège qu'elles opéraient de leurs becs d'insectivores s'abreuvant, elle venait faire de large sillon à la surface de la mare aux canards qui donnait chez les Morel. L'hirondelle n'était-elle pas le jouet du vent ? Quelques pigeons bisets à moitié endormis se rôtissaient le croupion sur le toit de la grange qui leur faisait office de chaises longues. J'aimais ces moments de calme et de sérénité de ce petit village de province, quelques cris de martinet au loin se faisaient entendre, le bruit de moteur d'une deux-chevaux… Les heures s'égrenaient tranquillement dans une quiétude toute singulière.

On jouait tous ensemble à des parties de Monopoly interminables et endiablées au frais, dans la maison, en attendant la fin de la journée qui serait moins chaude. Jeux de cartes, rami, belote et tarot prenaient ensuite le relais, tout en sirotant, nous les gamins, des limonades au sirop de fraise, les adultes buvant des Tourtels sans alcool, tout ça dans un petit bonheur sans nom.

Pour conjurer le mauvais sort de cette sécheresse du village et faire tomber la pluie, une villageoise avait eu soudain une idée.

— Allons trouver le vieux François, un vieil ermite vivant au bout du village, il ne refusera pas de nous rendre service en échange d'un bout de pain et d'un verre de vin !!!

Aussitôt dit aussitôt fait, on courait alors chercher le vagabond et, comme le voulait la tradition à Pouzy, on l'avait revêtu d'une longue chemise de nuit et d'un bonnet de nuit, puis on lui avait demandé d'aller chercher la pluie. Le bonhomme, heureux à la pensée de faire un bon repas le soir même, s'était empressé d'aller puiser de l'eau à la source presque tarie du ru de l'étang garrot, puis muni d'une cruche contenant le précieux liquide, il s'en était allé arroser la contrée. Les villageois satisfaits espéraient que grâce à ce moyen la pluie allait bientôt tomber. Hélas, que nenni, que nenni, rien, il n'avait pas plu et la sécheresse continuait…

Nous n'avions plus qu'une seule idée en tête, attendre les 16 heures, le marchand de glace allait bientôt passer. À moitié engourdis par la chaleur, sur une chaise longue à tissu psychédélique cachée à l'ombre du vieux prunier qui donnait avec générosité de belles reines chaudes. Je rêvais alors de belles tartes aux prunes juteuses de Louise ! Ce nectar si sucré me coulait entre les doigts, m'essuyant ces derniers dans l'herbe verte pour éviter de tacher ma chemisette à carreaux. Tout à coup, l'eau à la bouche, je me réveillais en sursaut, sortant de ma léthargie au bruit de la musique si particulière du glacier qui se faisait entendre à plus d'un kilomètre à la ronde.

Taïaut !!! Taïaut !!! Je me levais rapidement, à moitié ensuqué, les yeux crottés, la bave aux lèvres et les chaussettes en bas des pieds pour avertir Louise. Elle était toujours tirée à quatre épingles avec une combinaison à fleurs, elle avait déjà son porte-monnaie dans les mains et son chapeau de paille sur la tête. Nous descendions tous, nous les enfants, comme une flotte d'avions, ce grand escalier qui nous menait dans la rue. Je voyais alors toutes ces friandises glacées qui s'offraient à nous sous cette chaleur, des glaces Gervais, des Miko et des Kim pouss.

Une fois notre achat effectué, nous remontions rapidement pour nous mettre au frais pour déguster nos glaces aux couleurs et aux emballages chamarrés. Je dévorais mon Kim pouss et je tachais gaiement mon marcel immaculé tout en me faisant enguirlander par Louise. Déjà, les premières guêpes faisaient leur apparition, attirées par tant de sucre, il fallait être alors ingénieux pour ne pas faire tomber sa glace à terre, harcelés par les guêpes qui voulaient leurs parts du gâteau. Lolo, lui, avait pris un cornet avec cette gaufrette si délicieuse et croustillante, malheureusement, le mioche l'avait laissé tomber dans sa lutte avec les vespidés, la glace s'était alors écrasée en piquet, comme un avion touché par la DCA, ennemi. Le microbe ne faisant pas cas de ce malheur, il l'avait récupérée à moitié écrabouillée et avait continué de lécher ardemment sa glace tant désirée.

Une tuile venait d'arriver : le réfrigérateur de Louise était tombé en panne avec cette chaleur constante jour et nuit, le moteur de la machine qui tournait continuellement n'avait pas tenu. Louise en avait commandé un autre qui devait être livré prochainement par un marchand d'électroménagers de Saint-Saulge, mais en attendant, il fallait trouver une solution pour conserver les denrées périssables. Louise avait trouvé une idée géniale, il fallait aller à l'épicier de Saint-Saulge chercher un pain de glace pour le glisser dans le réfrigérateur afin de garder une température raisonnable pour la conservation des aliments restants. Un énorme pain de glace taillé à coup de pique à glace par l'épicier redimensionné m'avait été donné et glissé par la suite dans mon paneton en osier sur mon porte-bagages arrière fixé avec deux tendeurs. Le précieux sésame réfrigérant devait peser au bas mot plus de trois kilos, le retour allait être des plus épiques…

Le poids supplémentaire important de ma charge faisait tanguer davantage mon vélo de gauche à droite, comme le capitaine du Titanic en plein océan atlantique à seulement six cents kilomètres de Terre-neuve. Je dérivais soit à bâbord ou à tribord, le cap du navire devenait difficile à maintenir, mais je n'allais pas percuter un iceberg, puisque c'est moi qui transportais le gros glaçon. À chaque coup de pédale qui me rapprochait de Pouzy, je transpirais encore un peu plus, mais je n'étais pas le seul, le pain de glace suait également à grosses gouttes. Comme le petit poucet, je ne laissais donc pas des cailloux derrière moi, mais j'avais plutôt de grosses fuites d'eau, la cale de mon bateau prenait l'eau et mon avarie allait bientôt me mener au fond de l'océan Atlantique. J'avais activé ma balise de détresse pour que l'on me sauve, mais personne n'était venu à mon secours, j'étais seul face à mon destin. J'arrivais enfin à destination, il était temps, car la glace commençait à fondre comme neige au soleil.

Gaby réceptionnait le pain de glace qu'il cassait rapidement en deux ou trois morceaux pour en garnir équitablement les différents étages du réfrigérateur. J'étais remercié d'un sirop d'orgeat bien glacé pour ma course de dernière minute par Louise. Elle sortait souvent un morceau de chocolat tiré de la poche de son tablier, j'avais même droit à l'apposition d'une main rassurante sur ma tête et d'un petit câlin, suivi généralement d'un petit compliment. La canicule avait encore duré une vingtaine de jours jusqu'aux alentours du 10 août. Heureusement, le nouveau frigidaire de la marque « Vedette » avait enfin fait rapidement son apparition dans la cuisine deux jours après la panne. La pluie était venue avec des averses et ses orages aoûtiens, ce qui avait fait baisser les températures d'environs de dix degrés pendant les nuits les plus chaudes.

Chapitre 18
L'orage et la foudre

Nous allions souvent jouer au lieu-dit « les chênes ». Le petit gland qui était tombé à terre et nourri par une terre ancestrale riche en humus avec des pluies abondantes en Nivernais avait tant poussé par la suite qu'il avait écarté autour de lui toutes les autres espèces d'arbres concurrentiels. Le roi de la forêt imposant et majestueux trônait à présent plus que centenaire au bord de la route. Nous avions construit une cabane en bois en hauteur où nous aimions nous prélasser en scrutant les environs. Ce végétal géant de plus de huit mètres de haut régnait en son domaine tel un seigneur, avec sagesse et puissance divine, il nous faisait face avec son large tronc ridé, sa ramure imposante et touffue, on ne pouvait faire le tour de son tronc avec nos bras. Il dominait les champs, les prés et le village de Pouzy avec la conscience de sa force, solitaire et orgueilleux, il avait écarté tout ce qui pourrait nuire à sa splendeur, ne croyant pas un seul instant à sa mort. Il nous accueillait nous, les enfants de Pouzy, les rameaux grands ouverts. Multitude d'animaux vivait en symbiose dans son milieu : écureuil roux, geai des chênes, charançon, mésanges, pics… tous ces animaux aimaient la protection de cet arbre plus que séculaire. Je me rappelais m'être réfugié sous ses ailes avec ma sœur et mes cousins un soir d'orage et de foudre.

Onze août 1976, le vent se levait, une odeur de fraîcheur nous parvenait jusqu'à nos narines et nos visages, il avait plu non loin de là.

La température chutait, et le ciel s'obscurcissait soudainement, le soleil disparaissait, laissant apparaître des nuages noirs d'un bleu nuit. Nous, les enfants, nous étions réfugiés sous l'yeuse en attendant l'averse. Le souffle du zéphyr se soulevait, faisant bouger les ramures et les branches du titan, les feuilles volaient, la première pluie arrivait qui dégringolait sur le bitume chaud dégageant une odeur de Pétrichor, cette odeur si particulière qui caractérise les sols et la terre après une averse. Le Pétrichor étant un liquide huileux sécrété par certaines plantes, puis absorbé par les sols et les roches argileuses pendant les périodes sèches, ces huiles participaient à la formation de cette odeur si originale. Les éléments se déchaînaient, passant en un éclair de temps de l'ensoleillement à une véritable tempête, nous avions peur et nous étions tous pelotonnés dans le creux des bras du colosse comme une famille de mulots dans leurs terriers à attendre la fin de l'orage. Les animaux eux avaient senti la tempête bien avant nous, les oiseaux avaient arrêté de chanter et les autres avaient tous regagné leurs pénates, certains dans des fourrés, d'autres dans leurs terriers, granges, clocher, greniers. Tout le monde s'était mis à l'abri, sauf nous, comme de pauvres andouilles sous notre arbre gigantesque qui allait bientôt faire office de paratonnerre.

Mais, il pleuvait de plus en plus et une rivière se formait sur la route, dévalant nombre de feuilles et de branches cassées. Des éclairs suivaient d'un tonnerre, qui parvenait jusqu'à nos oreilles où le bruit devenait de plus en fort, les détonations se rapprochaient de plus en plus. Maman était inquiète de ne pas nous voir rentrer à la Détorbe et était venue nous chercher. Dommage qu'elle ne soit pas venue en bateau comme Noé, car dehors c'était le déluge !!! Les éléments se déchaînaient, les fossés se remplissaient, le sol asséché depuis des semaines rejetait l'eau qui tombait en abondance.

— Maman.

— Faut pas rester sous un arbre, la foudre peut frapper celui-ci, c'est trop dangereux, allons-nous-en !!!

On avait fait à peine une cinquantaine de mètres quand une violente explosion parvenait à la cime du géant, la foudre avait frappé et pris pour cible le vieux chêne. Sous l'impact, les branches avaient éclaté au sommet, l'arbre prenait feu rapidement, ou des braises incandescentes et rougeoyantes montaient rapidement haut dans le ciel comme des astéroïdes ou des novæ qui disparaissaient doucement dans leur ascension sous une pluie battante. Je n'avais jamais vu les éléments naturels se déchaîner autant, nous étions rentrés saucés comme jamais. Mes chaussettes dans mes sandalettes trempées, glacés jusqu'aux os, un frisson me parcourait l'échine et je comprenais que nous avions eu chaud… Le lendemain, après une nuit agitée par le traumatisme de la tempête, le temps était redevenu clément après une tension extrême, nous avions l'impression qu'il ne s'était rien passé la veille, seules quelques flaques d'eau étaient encore visibles sur l'asphalte où un petit groupe de moineaux domestiques venaient se désaltérer dans l'une d'elles, tout en piaillant et se chamaillant en ce matin ensoleillé, s'épouillant dans du sable chaud apporté par la crue abondante de l'orage.

La végétation jaunie et rabougrie par une quinzaine de jours de forte chaleur reprenait vie et reverdissait. On pouvait apercevoir de gros escargots de bourgogne et des petits gris qui montraient leurs petites antennes et leurs museaux sur du fenouil sauvage et des bardanes, ainsi que de nombreux petits limaçons de couleur jaune citron, certains formant des spirales de forme géométrique de peinture noir et marron. Je me rappelle qu'on les ramassait et nous nous amusions, nous les enfants de Pouzy, à faire des courses avec, pariant en retour des billes ou des cyclistes en fer du tour de France. Les petits gastéropodes finissaient ensuite en pâture aux poules de Gaby.

Nous étions ensuite retournés voir le géant où une partie de sa ramure était partie en feu, carbonisée, blessée, consumée en plein cœur, dans un pitoyable état après plus de 100 ans de règne dans le pays dans une lutte sans merci avec l'orage et la foudre, le chêne vert abdiquait…

Quelques années plus tard, je revenais à Pouzy, et passais à nouveau devant le géant et je n'en croyais pas mes yeux, la nature était vraiment surprenante. Après quelques années de dormance, il avait survécu et avait régénéré une certaine partie de ses rameaux calcinés, les feuilles avaient repoussé, le phénix de ses bois avait ressuscité de ses cendres, Zeus avait ainsi vaincu la guerre contre les titans…

Chapitre 19
Agénor

Nous traînions souvent dans la ferme des Morel, à la recherche des quatre cents coups à faire. On jouait dans le foin de la grange, éparpillant celui-ci, faisant fuir fouines et lérots. On grappillait des raisins encore verts de la vigne ou des prunes dans le verger qui nous brûlait soudainement le derrière, nous donnant de vertes coliques, nous obligeant à baisser nos frocs rapidement pour aller déféquer derrière un roncier ou un tas de bric-à-brac. On se servait allégrement dans le potager du fermier, chouravant au passage quelques fraises et groseilles bien mûres. On pêchait des poissons chats dans sa mare, on allait au garde-manger se servir ou l'on mettait les doigts dans la confiote et les pâtes de fruits. On dérobait des tranches de jambon sec dans la cuisine de la mère Morel. On se servait en œufs dans le poulailler. On installait des tapettes pour piéger rats gris, souris et surmulots. Mais notre meilleur ami de jeu paradait sur son tas de fumier, il s'agissait de Agénor, le coq de la ferme. Dans la mythologie grecque, il était le fils de Poséidon et de Tyr... Le mataf régnait en maître sur sa basse-cour et son poulailler, surveillant son harem et ses alentours. Son pire ennemi étant Croquetou, le renard qui avait des vues alléchantes sur ses cocottes. Le gallinacé de race Sussex avoisinait les 5 kg et n'avait aucun ennemi en son lieu, son bec était acéré comme un couteau, ainsi que ses ergots pointus, ses barbillons rouge vif saillants, et son énorme crête retombait légèrement sur le côté de la tête.

Lolo s'amusait à titiller avec son lance-pierre l'animal, en lui projetant de toutes petites pierres sur lui, sa réaction était immédiate, il fallait le voir se radiner à une vitesse vertigineuse, descendant de son tas de fumier, les pattes pleines de crottes, bousculant au passage canards, dindons et oies pour aller corriger mon petit cousin. Il sautait les deux pattes en avant et ses ergots venaient frapper les cuisses de Lolo, des plumes volaient dans la bataille. Lolo se dépêchait de monter alors sur un muret de pierre pour échapper aux coups de bec et de griffes, comme un matador face au taureau rugissant. On observait par la suite pendant des heures ses agissements et ses roucoulements avec ses poules. Sa préférée, à force d'être cochée, était toute déplumée, le gros coq lui montait des dizaines de fois sur le dos, le poids et la puissance de ses ergots déchirant la chair tendre de la poulette.

Hélas, Agénor n'avait plus beaucoup de temps à vivre, le père Morel avait acheté un nouveau petit coq, de race gauloise, à la dernière foire qui avait eu lieu à Saint-Saulge. Le gringalet était dans un enclos, parqué dans une des dépendances de la grange pour le protéger du vieux mâle qui l'aurait mis en charpie. J'avais compris très vite que Louise avait passé commande auprès du fermier pour un coq au vin pour un bon gueuleton à venir le dimanche. Le jour du sacrifice, nous avions boycotté Pouzy, nous étions partis jusqu'à l'étang du merle pour nous baigner et pour oublier la disparition de notre mascotte. Le jour du repas, Lolo et moi n'avions pas voulu ouvrir le bec pour goûter à Agénor, malgré les remontrances répétées de l'adjudante, même si nous lui voulions des fois des griefs de nous attaquer. Nous étions restés muets pendant tout le repas, comme deux moines trappistes de l'ordre cistercien, nous avions fait pénitence « la personne qui fait silence entend Dieu ». La perte du chef de la basse-cour avec qui nous jouions depuis des années nous était intolérable, nous perdions aussi un très bon camarade... sur ce, Cocorico !!!

Chapitre 20
L'épouvantail

Gaby se faisait vieux, et les derniers semis plantés de radis, de carottes et de choux étaient mangés par une ribambelle de piafs, moineaux, merles, et corbeaux Freux qui s'en donnaient à cœur joie de déterrer et de dévorer ses tendres graines à peine plantées. Gaby avait beau gesticuler, rien n'y faisait, et dès qu'il avait le dos tourné, les oiseaux revenaient toujours au ravitaillement. Il avait décidé dans un premier temps de camper dans son potager pour chasser les volatiles prédateurs. Mais, il ne pouvait se consacrer à autre chose, et il avait donc pris la décision de nous confier une mission toute particulière. Toute la famille allait participer à l'élaboration d'un épouvantail grandeur nature. Avec Lolo, Cathy, Alain et Marie-France, nous étions déjà tous à la recherche de matériaux. Alain avait trouvé deux vieux balais dans la cabane en bois du jardin. À cette époque, rien n'était jeté, on gardait tout. J'étais descendu à la cave avec Cathy et Lolo, pas trop rassuré, une vitre était cassée et sur la porte au-dessus de l'entrée était inscrite, en fines lettres ciselées dans la pierre de granit, la date de 1848. Le lieu n'était éclairé que par une unique petite ampoule où une vieille corde tressée électrique montait le long d'une plinthe pour alimenter celle-ci dans une pénombre plus que douteuse. Une humidité à couper au couteau nous montait au nez, une cheminée trônait au milieu de cette simple pièce en compagnie d'une ribambelle de victuailles champêtres, jambons accrochés aux poutres, semis et plants de pommes de terre. La pièce servait sans doute de logis dans un temps ancien. En levant la tête vers le plafond, des poutres en bois plus que centenaire nous accueillaient, d'anciens nids d'hirondelles rustiques inoccupées pendaient tout délabrés comme de vieux échalas.

Des toiles d'araignées gigantesques étaient tissées un peu partout dans cette pièce, la brise chaude qui s'engouffrait par la porte ouverte et le soupirail faisait vibrer les nombreuses toiles de dame Arachnide, nous fichant encore un peu plus la pétoche. Nous avions l'impression d'être en Transylvanie dans le repaire du comte Dracula. Une vieille salopette bleue accrochée à un clou rouillé était choisie par Cathy, dans une vieille malle de voyage, j'avais trouvé une chemise à carreaux, j'avais envoyé Lolo chercher du foin frais chez les Morel. Maman nous avait donné son antique chapeau en paille tout troué qu'elle ne portait plus depuis belle lurette.

Nous avions à présent tous les éléments rudimentaires pour confectionner notre épouvantail. Maman qui était couturière à Paris avait sorti sa belle machine à coudre de la marque Singer. Malicieux, Gaby nous regardait du coin de l'œil, allongé dans sa chaise longue en bois recouvert d'un tissu aux couleurs vives, à l'ombre du Sumac de Virginie. Alain avait lié les époussettes entre elles avec une pelote de ficelle prêtée par Louise, qui servait à ligoter les gigots, puis il avait planté dans la terre meuble et fraîchement retournée les deux manches à balai, le support pour le mannequin était prêt. Lolo et Marie-France remplissaient de foin, fraîchement fauché, la salopette et la chemise à carreaux, formant un mannequin au corps bien rondouillard. Maman cousait les extrémités des manches de la chemise et du pantalon pour pouvoir bien conserver le foin à l'intérieur et donner ainsi vie à notre épouvantail. Un sac en toile de jute ferait l'affaire pour la tête. Il était après embroché avec les balais pour lui donner vie.

Avec du fil et une aiguille et des chutes de tissu, feutrines et boutons, maman confectionnait son visage. Lolo lui rajoutait le chapeau de paille sur la tête, l'épouvantail était fin prêt. En moins de deux heures, notre chef d'œuvre familial pontifiait enfin au milieu du magnifique potager de Gaby. Les oiseaux avaient définitivement disparu, prenant l'épouvantail pour pépé Gaby, mon grand-père pouvant ainsi se consacrer à d'autres travaux manuels qu'à la garde de son potager. Mais quelques jours plus tard, les piafs s'étaient pris d'affection pour notre croque-mitaine et se perchaient à nouveau sur lui ou carrément prenaient des matériaux pour se faire un bon nid douillet. L'affaire était grave, et Lolo allait bientôt rentrer en scène. Muni de son lance-pierre confectionné en bois de noisetier pour son élasticité et sa souplesse, Lolo ajustait son tir sur un premier merle qui venait de se poser sur le pantin. La pierre atteignait de plein fouet l'oiseau le tuant sur le coup, la dépouille était tombée au pied de l'effaroucheur et laissée sur place. Il avait ensuite dézingué une dizaine de pierrots dans la journée d'une habileté sans pareille, visant à chaque fois la tête de l'animal. Lolo se prenait pour Guillaume Tell, ne ratant jamais sa cible, la flèche allant dans le cœur de la pomme. L'hécatombe avait été telle, que les oiseaux rusés avaient compris le danger imminent et avaient pris la fuite. Le jardin suspendu de Babylone de Gaby redevenait un havre de paix et rayonnait à nouveau de mille trésors. Cœur de bœuf, fraises, framboises et groseilles à maquereau pouvaient à nouveau se dorer la pilule au soleil et les jeunes plants et semis en tout genre pousser en toute tranquillité.

Chapitre 21
Croquetou

Depuis la mort d'Agénor, Croquetou le renard s'aventurait la journée dans la cour de la ferme des Morel et faisait sa loi au sein de la basse-cour, personne ne pouvait l'arrêter et son avidité à la consommation de chairs des poulettes le rendait de moins en moins prudent. Le coq demi-portion qui le remplaçait, plus petit qu'une poulette, et sans pratique, ne faisait pas le poids avec l'expérience et la force du défunt coq Agénor. Mais, il était jeune et avait à peine plus de six mois. Il allait grossir et prendre de la force avec le grain que jetait la mère Morel tous les jours, un fichu sur la tête, la fermière lançait celui-ci qu'elle sortait du creux de son tablier comme un geste auguste de la semeuse. Elle criait...

— Petit ! petit ! petit !

Elle envoyait de pleines poignées éparses de graines. Les poules et les poulets couraient à une vitesse vertigineuse donnant des coups d'abattis répétés vers leurs pitances. En quelques minutes, la cour était nettoyée, les rats et souris n'avaient qu'à bien se tenir, il n'y avait plus rien à manger pour eux !!!

Le petit coq se frayait difficilement un passage et avait du mal à se faire une cour et une place au sein des volailles, bousculé, moqué et ri par nombre de gallinacés. Depuis un certain temps, les cocottes disparaissaient les unes après les autres dans le poulailler et même au sein de la basse-cour, cela en devenait inquiétant, le cheptel se réduisait comme peau de chagrin, il fallait réagir. On avait surpris le renard emporter grisette, puis ce fut le tour de blanchette, qui s'était fait attraper en pleine journée. Le petit coquelet avait une tâche ardue où son territoire était vaste, des champs et des prés adjacents, lavoirs, granges, crèches, étables, mares, potager, soues, poulailler, il fallait arpenter des territoires vastes pour sécuriser toutes ses dulcinées et les pièges tendus de maître renard étaient nombreux. Le gringalet montait sur son tas de fumier pour émettre son cocorico, le chant était aigrelet et faible comme un castra, le petit coq était en fait en pleine crise d'adolescence…

Nous avions surnommé le volatile « Roméo » et nous commencions à avoir de l'amitié pour lui. Il essayait de séduire ses poulettes en tournant autour en battant des ailes fortement en leur faisant la cour, mais celles-ci n'avaient pas encore été séduites par lui. Roméo n'avait pas encore trouvé sa Juliette, les poules trouvaient plus de réconfort avec les autres animaux de la basse-cour, se mêlant aux oies, dindes et canards. Un soir, en allant fermer le poulailler, le vieux fermier s'était aperçu que Croquetou avait creusé un trou, c'était à la tombée de la nuit que le goupil venait emporter et dévorer ses proies. Il avait donc décidé de mettre une barrière électrifiée tout autour de l'enclos en laissant le trou béant pour que la bête puisse rentrer dans son antre. Malin comme un singe, il avait attaché de nombreux grelots au grillage électrifié pour l'avertir de l'arrivée du rouquin, il ne restait plus qu'à attendre la nuit pour cueillir le voleur. Muni de sa vieille pétoire, le fermier attendait de pied ferme prêt à tirer à la première incartade. Hélas, le rouquin n'était pas venu ce soir, la partie était donc remise à plus tard.

Chaque soir, le piège mis en place ne fonctionnait pas, le renard avait dû sentir le coup fourré et avaient disparu des alentours de la ferme. Le père Morel était opiniâtre, comme tous les gens de la terre, et patient à souhait jusqu'au 5e jour où le renard pointait enfin le bout de son nez. Les grelots avaient sonné, avertissant le fermier que l'animal était entré dans le poulailler, puis se montrait tout en gesticulant pour effrayer le rusé qui, pris de panique, avait oublié de passer par son trou et s'était jeté sur la clôture électrique qui lui délivrait un coup de châtaigne mémorable, projetant le malin au milieu de la volière à moitié étourdi. Le vieux n'avait plus qu'à ajuster son mousqueton sans laisser réagir le goupil et crucifiait le renard sur place. La détonation avait été entendue par une bonne partie de la population du village, mais personne n'en avait fait cas, car tout le monde avait un fusil et chassait et braconnait dans les environs. Les quelques persiennes qui s'étaient ouvertes avec beaucoup de curiosité s'étaient refermées immédiatement.

Le père Morel avait déposé ensuite la dépouille du rouquin sur le tas de fumier central de la cour de la ferme montrant aux autres renards de ce qui les attendait s'ils montraient le bout de leurs museaux dans les parages. Les mœurs des Nivernais étaient étranges pour un petit Parisien, j'avais déjà découvert une chouette effraie clouée, les ailes grandes ouvertes, sur la porte d'une vieille grange en haut de la croix rapine, soi-disant pour conjurer le mauvais sort. Les traditions ancestrales perduraient en pays nivernais, du coq et du renard, Romeo lui avait survécu…

Chapitre 22
Esculape

Une nouvelle attraction battait son plein à Pouzy, après la mort d'une grosse couleuvre à collier dans le jardin du père Moreau d'environ 1 m 40, celui-ci l'ayant tuée d'un coup de bêche. Par méconnaissance, il l'avait par la suite dépecée pour récupérer sa peau pour s'en faire une ceinture. Un nouveau serpent avait été vu dans l'atelier de Jacquot. C'était une couleuvre d'esculape, la bestiole avoisinait presque les un mètre quatre-vingt, elle appréciait la cabane où elle pouvait chasser à volonté souris, rats, mulots, mais elle parvenait aussi à vaquer un peu plus loin dans les lisières forestières, les anciennes carrières, les friches et autres broussailles, les rocailles et les vieux murs envahis de lierre, qui permettait de se cacher bien en vue pour tendre un quelconque piège à une audacieuse proie qui s'aventurerait sur son territoire de chasse.. Elle aimait se dorer la pilule au soleil, le matin sur le toit de l'atelier qui était recouvert de tôles ondulées, celui-ci emmagasinait une chaleur douce pour notre bel esculape. Madame grimpait dans les arbres étant de nature arboricole à la recherche d'œufs ou d'oisillons grâce à ses écailles ventrales carénées qu'elle utilisait notamment sur les troncs des arbres plutôt lisses.

Totalement inoffensive pour l'homme, mon oncle Jacquot bricolait dans son atelier, elle apparaissait subitement en se dressant comme un Cobra et venait siffler juste derrière ses oreilles. Mon oncle, qui n'en faisait pas cas, continuait ses activités sans coup férir. À chaque fois qu'elle apparaissait, la nouvelle se répandait comme une traînée de poudre dans tout le village. Esculape s'était montré, un peu comme la vierge à Bernadette Soubirous dans la grotte de Lourdes. On en parlait beaucoup, mais on ne la voyait jamais !!! C'était la course pour la voir, hélas, bien souvent la belle n'était déjà plus au rendez-vous. Au cours des mois et des années qui passaient, elle était devenue une légende dans ce petit village de Pouzy, faisant la tournée des maisons où le serpent prenait tout d'un coup avec le téléphone arabe la taille d'un boa.

Jusqu'au jour où la légende était enfin devenue réalité. Mon petit cousin Lolo était venu nous chercher en vitesse, tintinnabulant avec sa sonnette de son petit vélo pour nous avertir de rappliquer le plus vite possible afin de nous la montrer. Cathy, Jean-Charles dit (roubignoles) et moi arrivions, ventre à terre, comme des diables à leur maison qui était située à la sortie du bourg en direction des serres. Alain, herpétologiste amateur, n'ayant peur de rien, savait manipuler les serpents. Il avait amadoué et attrapé doucement Esculape sans la brusquer, mais la belle se rebiffait, balançant la tête de droite à gauche, tout en dodelinant du chef, comme Kaa face au petit Mowgli. Elle sifflait en ouvrant sa gueule, prévenait qu'elle allait mordre de ses petites dents mon cousin Alain. Elle s'enroulait ensuite autour de son bras en serrant un peu, puis elle se calmait rapidement. Sa morsure n'étant pas vraiment terrible, il était temps de la relâcher, elle se mettait alors à déféquer et émettait une odeur nauséabonde en vidant ses glandes cloacales sur mon cousin. Une fois à terre, avec ses anneaux défroissés, madame regagnait le plus vite possible son terrain de jeu qui était un énorme tas de bois qui trônait à l'entrée de l'atelier, se mettant ainsi précipitamment en sécurité.

Esculape était restée pendant des années dans le petit cabanon, accompagnant mon oncle Jacques à chaque journée de bricolage, puis un jour, elle disparut sûrement emportée par la vieillesse. Dans l'antiquité, Asclépios était le Dieu médecin des Grecs anciens, il portait dans sa main droite un bâton entouré d'un serpent. On pense aujourd'hui qu'il s'agissait de cette belle couleuvre à la brillante livrée. C'est elle que l'on retrouvait autour du bâton d'Asclépios, de nos jours, elle est l'emblème des médecins et de la coupe d'Hygie pour les pharmaciens…

Louise et maman n'ont jamais voulu s'approcher de la cahute en bois, ayant une peur bleue de la belle couleuvrine… Les rapports de l'homme et de la femme au serpent étant ambigu, influence, tentation, pouvoir hypnotique, l'animal attirait et repoussait, nous renvoyant à ce que nous avons de pire et de meilleur en nous, Esculape était énigmatique. J'entends encore aujourd'hui dans mes oreilles ses sifflements persistants.

Chapitre 23
Les croissants

Certains dimanches matin, j'allais avec Lolo ou Cathy à Saint-Saulge chercher les croissants de très bonne heure. J'aimais la magie de l'aube et découvrir ses premiers rayons de soleil qui venaient caresser nos visages enfantins. Nous aimions prendre la route où nous déambulions en zigzaguant, lâchant le guidon de la machine se prenant pour Merckx ou Van Impe. Nous pédalions avec effort, s'apercevant que la dynamo de nos vélos laissée la veille sur la jante de nos roues dans nos maraudes nocturnes nous freinait dans nos élans de cyclistes. La chaleur de la journée contrastait avec la fraîcheur de l'aube. Saint-Saulge se réveillait sous le chant de sa collégiale qui égrenait les sept coups. La petite ville de province s'éveillait et s'agitait tout doucement sous les cocoricos des coqs, quelques volets s'ouvraient en grinçant, une ou deux voitures passaient en vrombissant dans la grande rue. Les patines des maisons usées par le temps et les éléments naturels donnaient un charme supplémentaire à ce petit village d'antan. Les ruelles étroites où le soleil ne s'engouffrait que très rarement offraient un répit non négligeable pendant cette canicule exceptionnelle. D'anciennes publicités tapissaient encore certains murs de la vieille ville, sur la façade du café du village, on pouvait encore lire Amer Picon. Une publicité Dubonnet un peu plus loin sur le champ de foire, avec ses grands tilleuls. À la gare désaffectée où passait jadis le tacot qui reliait Nevers, le mot Suze, un peu plus loin à l'entrée de la ville, sur un pan de mur d'une vieille ferme délabrée, on pouvait lire

Cinzano Blanc. L'immortelle vache, quant à elle, paradait toujours sur le toit de l'église en plein milieu du bourg.

On arrivait dans la rue de Prémery, puis la rue pasteur et la boulangerie était là. Des effluves d'odeur de pain et de croissants s'échappaient des grilles de la cave du fournil qui montait allégrement dans la rue, embaumant une bonne partie de celle-ci. Le boulanger nous servait en maillot de corps fariné avec un calot sur la tête. On payait en francs... Les grosses couronnes croustillantes encore chaudes dans les présentoirs avec le prix marqué à la craie au dos du pain. Je sentais, un instant, ces doux trésors tout chauds dans mes mains, puis le gros sachet en papier qui commençait déjà à transpirer et se gorgeait de gras, les croissants regagnaient précipitamment le paneton pour un petit-déjeuner à Pouzy. Le reste de la monnaie rendue en général nous servait à nous acheter une petite sucrerie comme un roudoudou, un mistral gagnant, un Carambar ou bien un Malabar.

Gaby préparait la chicorée soluble de la marque Leroux qui avait remplacé le café dès la Seconde Guerre mondiale dans de nombreux foyers de France. Les us et coutumes des grands-parents étaient restés et le coût engendré par la chicorée étant beaucoup moins coûteuse que le café. Le bon lait de la ferme de Mme Franc chauffait dans la casserole en inox sur la gazinière de Louise, formant une grosse pellicule de crème à sa surface. Les parfums de la chicorée se mêlaient ainsi à la senteur de cacao. Un plaisir presque inavouable régnait dans la cuisine de mes grands-parents. Gaby avait sorti son fameux couteau Laguiole de son pantalon de velours chocolat à larges côtes, tenu par ses uniques bretelles. Sa célèbre mouche ornait la tête du couteau, fabriqué en Aubrac, terre de Lozère et patrie des paysans. Les viennoiseries dorées à point et moelleuses étaient sorties du sachet du boulanger, Gaby incisait les croissants sur toute la longueur pour les garnir par la suite de lamelles de beurre doux fermier. Je me revois tremper les cornes de mes croissants encore chauds et croustillants dans mon bol de chocolat, cette odeur douce et suave de beurre et de viennoiserie me monte encore aujourd'hui au palais ainsi que ses doux effluves dans mes narines…

Chapitre 24
Les patates

Non, ce n'est pas le film « les patates » de Claude autant - Lara avec Pierre Perret que je vais vous conter, mais l'histoire de Gaby et de ses pommes de terre. Il avait planté des patates dans son grand potager, ce légume étant un des aliments les plus consommés en France, transformé en frites, pommes sautées, rissolées, en gratin, en purée ou en salade. Les pommes de terre avaient poussé en montrant à présent leurs floraisons de fleurs blanches. Gaby les bichonnait en binant régulièrement la terre, relevant celle-ci vers les pieds pour éviter que les tubercules ne soient en contact avec l'air et évitant ainsi qu'elles noircissent.

Mais depuis quelques jours, les patates étaient mangées et de larges trous béants apparaissaient sur ces feuilles ou des œufs de couleur jaune orangé étaient collés. Une drôle de bestiole aux couleurs très bariolées avait fait son apparition dans le potager de Gaby : le doryphore. Ce petit animal de la famille des chrysomélidés aux élytres jaunes rayés de noir était craint et redouté de tous les jardiniers, ravageur hors pair des Solanums Tuberosum, mais également des tomates et des aubergines, heureusement oligophag se nourrissant sur un nombre limité de plantes hôtes. Il dévorait les feuilles, les tiges et les tubercules se multipliant beaucoup trop vite. Doté d'ailes avec l'aide du vent, il pouvait parcourir des centaines de kilomètres en marchant, par flottaison sur les cours d'eau, accroché à un corps flottant comme le bois ou les feuilles mortes, soit à la surface de l'eau, monsieur étant un voyageur hors pair.

La chasse aux doryphores allait commencer, Alain tirait avec un pistolet à amorce pour donner le départ sous les ordres de Gaby, on nous lâchait tous, nous les petits Parisiens, comme une meute de chiens à la recherche du gibier, piaffant d'impatience à qui mieux mieux récolterait le plus de bébêtes, chacun ayant son seau en fer en criant tous ensemble en chœur, sus aux Doryphores !!! Des chapeaux de paille et mouchoirs sur la tête pour éviter les coups de soleil intempestifs. La récolte s'annonçait bonne, les bestioles étant vite remarquées avec leurs couleurs éclatantes, le ramassage manuel ayant un côté laborieux et minutieux, mais à l'époque l'huile de coude suffisait aux jardiniers pour éradiquer nombre de nuisibles dans les jardins et peu de produits chimiques étaient utilisés préférant les auxiliaires comme les hérissons, les syrphes et les coccinelles. Les seaux se remplissaient à vue d'œil, il suffisait ensuite pour les tuer de les noyer dans l'abreuvoir du père Morel.

Les récoltes des patates se faisaient quelques semaines plus tard où Gaby, à l'aide de sa griffe, déterrait délicatement les tubercules sans les esquinter. Une fois les trésors sortis de terre, nous, les enfants, à quatre pattes dans le potager, nous ramassions la récolte que l'on entreposait par la suite dans des cageots garnis de papier journal dans la cave. Elles étaient entreposées dans le noir entrant par la suite en dormance pour l'hiver prochain, Pépé avait ainsi sa pitance pour toute l'année, ou une partie des pommes de terre étaient conservées pour être ensuite repiquées l'année d'après. Je ressens encore dans mes petites mains ces doux tubercules terreux où des germes commençaient déjà à renaître au bout de plusieurs semaines, j'avais alors un malin plaisir à les arracher.

Chapitre 25
Les sangsues

Il faisait chaud et, ayant la flemme d'aller jusqu'à l'étang du merle pour nous baigner avec une pareille canicule, nous avions décidé tous d'aller faire trempette dans le lavoir qui se trouvait juste à côté de la maison de Louise et de Gaby. Le ru de l'étang garrot étant bas, le lavoir était peu alimenté en eau. On s'amusait en s'arrosant et en se rafraîchissant sous l'auvent du lavoir qui nous faisait office de parasol géant. Les heures s'égrenaient dans ce mois d'août chaud où les rires et les bousculades étaient à leurs combles. En sortant de l'eau, nous poussions tous des cris en nous apercevant que sur nos jambes de nombreuses sangsues avaient élu domicile. Un seul remède pour les éliminer, les cramer à l'aide de cigarette confectionnée à partir de clématite des haies, les sangsues se tordaient avant de se décrocher les unes après les autres. Je savais également qu'après un bon repas de la sangsue, il fallait attendre une demi-heure que les vampires, une fois toutes gonflées d'hémoglobine, se détachaient toutes seules, nous n'allions quand même pas rentrer à la maison avec nos breloques sanguinolentes accrochées à nos arrière-trains.

Au début du vingtième siècle, plus de cinquante millions de sangsues médicinales peuplaient les étangs, la bestiole aimant les courants lents des lavoirs et des mares. Pour les récolter, les gens entraient dans les marais avec des cuissardes et un bâton. Ils frappaient alors l'eau violemment, ce qui les attirait, et s'accrochaient ainsi aux jambières pensant faire un bon festin. Des ânes étaient aussi envoyés dans l'eau, ce qui facilitait amplement ensuite la récolte. Aujourd'hui, elles ont pratiquement disparu à l'état sauvage, l'assèchement des marais et des zones humides, la pollution, les engrais, les pesticides et les herbicoles ont fini de les l'achever. La sangsue est désormais utilisée à des fins thérapeutiques (elles soignent les greffes, l'arthrite et les tendinites, et ont un rôle de cicatrisation). Des élevages ont été créés en France, elle a longtemps été détestée, et pour cause, son corps visqueux et allongé n'inspirait que dégoût, j'en ai encore à ce jour en pensant à elles, plein de frissons dans le dos.

Chapitre 26
La battue de Marie-Louise

La battue était un dessert typique du sud-ouest de la France, c'était le genre de gâteau paysan simple à mi-chemin entre la pâte à clafoutis et le flan que ma grand-mère Marie-Louise nous préparait jadis et qu'on ne trouve plus maintenant, sauf si on la confectionne soi-même en respectant la recette plus que centenaire. Dans la tradition lotoise, simple mélange à l'origine de farine et d'eau cuit dans un chaudron en cuivre, tout en remuant avec une cime de sapin en guise de spatule. On mangeait la battue quand on tuait le cochon ou les canards. Louise sortait une grande jatte en terre cuite ébréchée qui avait servi dans des temps anciens à faire de nombreuses préparations culinaires. Elle versait le lait bouillant sur la farine de blé sucré, puis les œufs un par un était ajouté à la préparation, le tout versé dans un moule à tarte plat. À la sortie du four de la vieille gazinière, on pouvait lire sur mon visage le désir tant attendu de goûter le plus rapidement à ce mets si délicieux, mais pour ça il fallait attendre le dîner.

Gaby buvait sa piquette, assis à table, sur une nappe à carreaux vichy. Son Duralex terminé, un claquement de langue intervenait comme pour défier Louise. Mais, l'adjudante ne lui tenait pas grief et s'affairait au fourneau pour nous confectionner le repas du soir. Il régnait une véritable magie culinaire dans cette petite cuisine oubliée en pays nivernais... Le temps de la préparation du repas, Gaby m'emmenait promener dans les ruelles de Pouzy, il allumait une cigarette roulée dès le premier virage, me faisant jurer par la suite de ne pas en parler à ma grand-mère... Croix de bois... Croix de fer si j'en parlais, j'irais en enfer...

Chapitre 27
Le bus à livres

Le bibliobus passait une fois par mois dans la commune de Saint-Saulge en période estivale et s'installait sur le champ de foire. On connaissait toutes les dates d'avance, de petits cartons étant glissés dans chaque livre emprunté. Ce n'était pas jour de foire lors du passage du bus, mais il y avait quand même quelques personnes qui venaient chercher des livres. Le bibliobus était étroit et il fallait monter cet escalier raide avec ses parois en plastique avec une dizaine d'étagères remplies de beaux ouvrages, une vraie mine d'or pour les lecteurs en herbe que nous étions. Une odeur de vieux bouquins flottait dans l'air, un instant j'avais l'impression d'être dans un cottage anglais où les salons sont souvent chargés de bibelots et de vieux livres reliés en cuir, une banquette sentait bon la moleskine. Dans une petite boîte en bois qui trônait sur un petit comptoir où l'on accueillait les lecteurs, des fiches de papier en carton de couleurs un peu flashy servaient à noter les dates de retour des écrits. À chaque pas dans le camion, un roulis de tangage se mettait en branle me donnant un léger mal de cœur, j'aimais rester dans cet endroit mal éclairé un peu sombre où je scrutais les différentes étagères pour trouver un livre qui m'aurait plu, le choix était plutôt compliqué.

Je me rappelle encore maintenant d'avoir emprunté de petits bijoux comme Île aux trésors de Robert-Louis Stevenson, l'Assommoir d'Emile Zola, et Les dix petits nègres d'Agatha Christie. Je n'étais pas un grand lecteur, étant dyslexique, petit, j'avais vécu un véritable calvaire pour apprendre à lire, de grosses gouttes de sueur coulaient le long de mon front à chaque apprentissage de lecture. J'inversais les lettres et les sons, ce qui m'avait octroyé de grosses difficultés scolaires, ma mémoire immédiate était insuffisante. J'avais dû faire de nombreux cours d'orthophoniste pour remédier à cette maladie. Comme quoi, dans la vie, rien n'est vraiment figé, la preuve aujourd'hui avec un peu d'opiniâtreté et de volonté, j'écris des romans.

Chapitre 28
Les chaumes Cottet

On était le 16 août 1976, j'aimais aller avec Lolo aux Chaumes Cottet, où, d'un coup de pédale, nous nous y rendions hâtivement. On passait devant chez madame Pic, puis la roulotte de gitane de Nénette, la simple d'esprit du village après la sortie de Pouzy. Un petit groupe de moineaux friquets à la tête chocolat postés sur un arbuste sec et rabougri s'envolaient à notre passage comme pour nous dire leur dernier adieu. On traversait les serrés où le vieux bosco, marchand de volailles, nous saluait en bord de route et enfin les Chaumes Cottet nous apparaissaient. Ici, le paysage morvandiau se dessinait un peu plus, vallonné, où un apiculteur nommé Michel avait sa demeure sur un coteau légèrement pentu. Nous aimions l'observer avec ses abeilles bioindicatrices à la bonne marche de la biodiversité. Ses ruches en bois étaient entreposées dans les champs mellifères, où sainfoins, trèfles, luzernes poussaient et régnaient en maître comme du chiendent. Les abeilles mêlées d'autres insectes comme les papillons, bourdons et ascalaphes (le très rare papillon libellule), venaient butiner les nombreuses fleurs en ce mois d'août, les lépidoptères tétaient et les apidés ramassaient avidement ce pollen sucré, Grande Tortue, Paon du jour, Flambé, Robert le diable, citron et Argus arborant mille couleurs, volaient dans ces champs bucoliques.

Dans la mythologie grecque, c'était le berger Aristée qui fut le premier à élever des abeilles, mais, ici c'était Michel, le gardien des essaims qui récoltait déjà le miel toutes fleurs en ce début de la mi-août, habillé d'une combinaison de protection de couleur blanche et d'une coiffe grillagée. Assis dans l'herbe à l'écart de l'apiculteur, ayant une peur bleue de nous faire piquer, nous regardions tous ses moindres gestes pratiqués sur ses abeilles domestiquées. Nous faisions quand même de grands moulinets des mains pour parer aux attaques de quelques abeilles récalcitrantes qui s'étaient éloignées de leur groupe. Doté de son enfumoir, garni d'herbes sèches, de copeaux de bois, de paille et d'aiguille de pin, il vaporisait les entrées des ruches avec des gestes calmes et pondérés en circulant toujours à l'arrière de celles-ci. L'enfumage des locataires avait pour effet de masquer les phéromones émises par les ouvrières et de calmer la colonie qui se réfugiait dans le corps de la partie inférieure de la ruche. La récolte de la précieuse douceur s'effectuait par beau temps et sans vent.

Les cadres des ruches étaient remplacés par d'autres tout en laissant certains remplis pour laisser de la nourriture aux abeilles. On allait tous ensemble ensuite à la miellerie, qui se trouvait seulement à quelques encablures des ruchers. C'était là que Michel se servait de son extracteur manuel, muni d'une manivelle à tourner qui nécessitait la force des bras afin d'activer la rotation des cadres installés à l'intérieur de la cuve. Lolo commençait la manœuvre, l'extracteur ressemblant en beaucoup plus grand à la grosse baratte à beurre de la mère Franc, puis je relayais mon petit cousin, qui était exténué et transpirait comme un bœuf après seulement quelques minutes. La centrifugeuse projetait avec force le miel doré qui sortait des opercules du cadre pour aller rejoindre le fond de la cuve, il fallait faire ensuite décanter le miel pendant une dizaine de jours, une pellicule blanche allait alors se former à la surface et être enlevée par la suite. Le miel serait alors prêt à être consommé et mis en pot, mais nous ne pouvions quand même pas nous interdire de tremper nos doigts dedans, une crépitation de saveur sucrée et odorante de senteurs florales nous explosait dans les muqueuses du palais et de la langue où cette douceur angevine coulait ensuite dans nos petits gosiers d'épicuriens.

Michel faisait également du miel de sapin, mais ses ruches étaient beaucoup plus hautes en moyenne altitude. Il faut savoir que le Morvan était boisé de nombreuses sapinières, car de nombreuses exploitations de sylvicultures faisaient pousser et géraient le célèbre Épicéa, il régnait tel un roi en son domaine et était un excellent choix comme sapin de Noël. Les exportations du bel épicéa étaient envoyées dans toute la France et venaient pratiquement exclusivement du pays nivernais. Après une belle journée en compagnie du maître des ruches, on repartait toujours à vélo en sens inverse, en direction de Pouzy, avec déjà plein de souvenirs de marmot dans nos têtes, avec notre petit pot de miel en guise de cadeau que Michel nous avait offert, accroché aux guidons de nos vélos, comme des lampions du 14 juillet, pressés de faire goûter le doux nectar aux autres membres de la famille.

Chapitre 29
Le Taureau

Un énorme taureau charolais avait élu domicile au lieu-dit « beauregard » juste avant d'arriver au village de Saint-Saulge, l'animal devait peser au bas mot plus d'une tonne. D'un grand gabarit à la couleur crème, cet animal de trait, qui fut transformé par la suite en animal pour sa chair, avait un anneau dans le nez, ce qui servait à ne pas qu'il s'enracine dans la terre ou aussi à favoriser le sevrage et décourager les veaux à téter à leurs mères. Le nez du taureau étant très sensible, le fermier pouvait également contrôler plus facilement sa bête, les taureaux étant des animaux puissants et imprévisibles, ils pouvaient tuer ou blesser gravement un être humain. Nous l'avions surnommé Bébert, suite à un petit bouseux du coin que nous ne portions pas vraiment dans notre cœur. À chaque passage à vélo devant le champ et l'animal, nous lâchions un instant nos guidons pour adresser un bras d'honneur en guise de bonjour à la bête. L'animal vivait paisiblement avec son harem de Charolaises.

Un jour pas fait comme les autres où nous avions un peu plus le diable aux fesses, nous avions tous les deux enjambé la clôture de barbelés du fermier voisin pour provoquer le taureau. Bébert ne supportait personne sur son territoire et commençait à gratter la terre de ses énormes sabots et beuglait, ce qui n'envisageait rien de bon. Tous les deux, nous nous étions retournés, dos à la bête, et avions baissé nos shorts pour monter nos petits derrières bien potelés, en guise de bonjour. L'animal n'avait pas attendu pour charger, nous prenant de court, j'avais eu la chance de remonter mon short le plus rapidement possible et m'étais glissé sous la barrière. Lolo, lui, s'était empêtré dans son froc, tombant la tête la première dans une bouse de vache bien crémeuse, le microbe avait fait le mort et était sorti du champ tout crotté, j'avais tellement ri de la situation que j'en avais fait pipi dans ma culotte. Une belle remontrance nous attendait au retour chez Louise. Elle lui filait un coup de pied aux fesses pour s'être sali, et moi j'avais pris un coup de martinet pour l'auréole sur mon pantalon. Après avoir pris un bain ensemble sur la terrasse dans la grande lessiveuse en fer au moment de passer à table, une odeur de bouse flottait toujours dans l'air sous les rires nerveux des uns et des autres.

Chapitre 30
Popeye

Lolo avait souvent sa tortue Popeye avec lui qu'il exhibait à tous les petits paysans du village, la promenant sur son porte-bagages de son vélo dans une boîte à chaussures en carton garnie de foin fraîchement coupé. Il l'adorait, la vénérait et lui apportait des soins tout particuliers, lui, le petit parisien, si souvent cruel avec certains animaux qu'il maltraitait, devenait doux comme un petit angelot avec sa tortue. Elle trottinait dans son jardin à Pouzy, sans jamais vraiment s'échapper, la tortue étant philo patrie (attachée à son lieu de vie) se réfugiant à l'ombre quand le soleil avait tendance à trop darder ses rayons et à se cacher dans la paille quand il faisait trop froid. Je le revois encore en train de lui cirer sa carapace, lui donner des feuilles de laitue bien verte, la cajoler dans ses bras. Mais, hélas, l'histoire avait tourné court, ayant fait des envieux à Pouzy, il avait retrouvé un jour sa tortue écrabouillée à coups de cailloux par un petit campagnard jaloux. Un immense désespoir l'avait envahi. N'ayant jamais vu mon Lolo comme ça passant en quelques minutes d'une tristesse à une colère furieuses sans nom. Lolo allait régler son compte à coups de gnons au pécore qui avait fait ce crime de lèse-majesté pour avoir attenté à la vie de sa tortue. Le paysan, pourtant plus grand que lui de deux têtes au moins, avait pris une bonne raclée de la part de mon petit cousin. Il avait fallu attendre la fin des vacances pour que Lolo redevienne lui-même et oublie cette tragédie. Popeye avait eu de belles obsèques et avait été enterrée sous les pleurs de Lolo dans le jardin de Gaby.

La tortue Hermann aujourd'hui est considérée comme étant en voie d'extinction en France et fait l'objet d'un plan de restauration national. Elle vit principalement dans les plaines du Var et dans le massif des Maures et de l'Estérel. La vente et sa détention provenant d'un milieu naturel sont à présent interdites.

Chapitre 31
Le rossignol

Je me promenais un soir avec Gaby, à la tombée de la nuit, près de Pouzy, derrière la ferme des Morel où il y avait un petit chemin qui menait à une combe aux multiples épines vinettes, et prunelliers touffus, le soleil se coucherait bientôt, et le crépuscule apparaissait. Un chant lointain nous arrivait alors avec une légère brise chaude qui nous parvenait jusqu'à nos oreilles, mais trop vague pour être identifié tout en soupçonnant celui du Rossignol Philomène.

— Quel est cet oiseau ? avais-je demandé à Gaby.

— On l'appelle le petit Rossignol et je vais te raconter sa légende.

Ce petit oiseau vient de loin au mois de mai, et il chante toute la nuit. Un jour, arrivant très fatigué après avoir traversé la mer Méditerranée à bout de force après son long périple migratoire africain, il s'est posé sur un cep de vigne et s'y est endormi. La vigne poussait très vite au mois de mai, ses vrilles s'enroulaient pendant la nuit autour des pattes de l'oiseau. Au réveil, il était captif. Depuis cette époque, le rossignol instruit par l'expérience ne dort plus. Caché dans les feuilles, il répète à ses petits sans se lasser ce conseil incessant d'éviter le piège, et chante éternellement.

Chapitre 32
Le Cirque

Des haut-parleurs de cette vieille estafette de marque Renault criaient des informations comme quoi que le cirque Zavatta poserait ses valises sur le champ de foire de Saint-Saulge où une unique représentation aurait lieu le samedi 20 août 1976. Des affiches colorées du spectacle avaient été affichées un peu partout dans la commune représentant un clown riant aux éclats. Je m'imaginais alors un instant en Italie à Rome, où les jeux du cirque rythmaient l'existence des Romains et alimentaient la passion d'un peuple qui se pressait chaque jour au Colisée, le spectacle était gratuit, et son seul luxe de divertissement. Les jeux du cirque fournissaient à l'empereur l'occasion d'établir avec son peuple le contact indispensable au bon fonctionnement d'un régime autoritaire et démocratique. Les jeux souvent cruels et mortels s'ouvraient par une parade au son des trompettes où garde prétorienne et gladiateurs défilaient devant l'empereur de Rome. Après des combats acharnés entre gladiateurs et soldats romains, des dresseurs d'animaux, des écuyers, des singes, des ours, des tigres, des lions et même des éléphants faisaient leurs apparitions dans la grande arène du Colisée qui pouvait contenir plus de 50 000 places.

J'aimais venir admirer la construction du chapiteau du cirque qui prenait environ une journée entière à monter par la troupe de saltimbanques et de forains, des mats en bois étaient érigés pour monter le dôme du cirque, aux cordes, et toiles de tente, le travail était colossal, les bruits des perceuses, des marteaux et des masses qui enfonçaient les piquets pour pouvoir arrimer le grand chapiteau de couleur bleu et rouge où l'on pouvait voir tout en haut le drapeau français jaillir haut dans le ciel, le fanion vibrait avec le vent. Les gradins en bois étaient montés à coups de clé à molette, de perceuses et visseuses où des chaises étaient disposées au premier rang pour les plus fortunés. L'arène était conçue en bois où du sable était ensuite acheminé pour en faire la piste. Des fanions et des ballons multicolores étaient ensuite attachés dans tout le chapiteau. Les lions, quant à eux, m'impressionnaient par leurs rugissements, notamment un lion de sa voix rauque et puissante, que l'on pouvait l'entendre à plus de deux lieues de là, ils étaient dans leurs roulottes, encagés, tournant continuellement dans peu de place à l'affût d'une proie potentielle.

Il y avait aussi des animaux fantasques comme le zébu avec ses cornes exceptionnelles, le zèbre et son pyjama, deux magnifiques étalons, des lamas dans la paille ruminaient constamment, ayant toujours peur qu'ils me crachent dessus et je savais ces animaux peu commodes et je ne m'en approchais guère. Un chameau laineux à deux bosses était attaché avec une longue chaîne en fer, je n'avais jamais vu de ma vie cet animal et j'étais subjugué par celui-ci tout en machant du foin, la bête me regardait de son œil doux et je m'imaginais un instant, rêvant d'être un Bédouin ou un Touareg dans le Sahara ou un quelconque dresseur d'animaux exotiques. Nous, les enfants de Pouzy, faisions des pieds et des mains à Louise et à maman pour aller voir l'ultime spectacle du clown Zavatta.

Enfin, le jour du spectacle était arrivé, une attente interminable pour rentrer sous le chapiteau. À l'entrée de celui-ci, monsieur Loyal attendait pour nous réclamer nos billets, puis nous étions menés vers les gradins, où les places étaient libres. Nous étions excités comme des puces et trépignions d'impatience que le spectacle commence afin de voir tous ces numéros si différents des uns des autres. Une vieille gitane dans une petite cahute de bois vendait des popcorns caramélisés, des ballons et des peluches. La musique commençait où il fallait taper dans nos mains pour accompagner celle-ci tout en faisant du bruit avec les pieds sur les marches en bois. Monsieur Loyal, de son grand chapeau noir et sa tenue rouge, annonçait les numéros les uns après les autres, du clown blanc au clown rigolo, de l'écuyer au dresseur de fauves, du singe farceur, aux équilibristes, du cracheur de feu aux acrobates, des trapézistes au charmeur de serpent, du magicien, aux jongleurs. J'étais conquis, mon esprit n'était que rêverie, tandis que Lolo avait les yeux grands ouverts, la bouche bée, le mioche n'en manquait pas une, regardant chaque geste effectué par les saltimbanques comme hypnotisé par tant de magie. À la fin du spectacle, nous applaudissions de toutes nos forces avec nos petites menottes pour remercier chaleureusement toute la troupe qui se présentait à nous pour nous faire leur révérence finale, puis nous rentrions tous à Pouzy un peu grisés de tout cet ensorcellement. Nous étions tous pressés, nous, les enfants, de mimer et de refaire entièrement le spectacle du cirque entre nous.

Chapitre 33
Les Cloches

J'aimais entendre les cloches carillonner le dimanche matin à Saint-Saulge, la sonnerie étant faite par le bedeau. Un groupe de bonnes sœurs en cornette sortaient du presbytère jouxtant la collégiale pour rejoindre au petit trot la messe qui allait bientôt commencer. À cette époque, l'église était bien remplie et les cloches rythmaient la vie des villages nivernais trois fois par jour, à 7 heures du matin, midi et 7 heures le soir, l'angélus appelant à la prière. Le glas annonçait la mort, les décès selon un rite codifié. On carillonnait également pour les fêtes, les vêpres, et les mariages, parfois en cas d'incendie ou d'événement grave, retentissait le tocsin qui a été remplacé par la suite par les sirènes. J'avais été curieux et j'étais rentré à l'intérieur pour observer cette cérémonie liturgique. La porte de l'église grande et imposante symbolisant le passage vers lequel nous devions passer pour atteindre Dieu. Sur la gauche, je pouvais apercevoir un énorme bénitier où les personnes venaient faire le signe de la croix. Monsieur le Curé en soutane et chasuble officiait en compagnie du sacristain et d'enfants de chœur habillés en aube, croix de bois et sandalettes, le vin de messe était servi et les fidèles prenaient leur hostie en tirant la langue.

Les *Ave Maria* et les *Je te salue* résonnaient dans le chœur gothique de l'église sous l'effigie de la musique de l'orgue qui montait haut dans l'autel. La chaleur du dehors contrastait avec la fraîcheur du dedans. De riches vitraux ornaient l'abbaye où l'on pouvait apercevoir le christ cloué sur la croix. La Sainte Trinité représentant le moine Salvius « Saint-Saulge » et plusieurs scènes liturgiques racontant la vie de Jésus de Nazareth étaient représentées sur de magnifiques émaux. Des coquilles Saint-Jacques sculptées embellissaient les piliers d'albâtres de l'église rappelant Saint-Jacques le majeur accueillant les voyageurs. Saint-Saulge étant un arrêt inconditionnel dans un temps ancien pour les pèlerins allant à Compostelle. De larges dalles blanches au sol, une chaire, des prie-Dieu, un confessionnal, un tabernacle recueillant les hosties, les cierges et les bougies de l'autel étaient allumés, un lutrin où reposait la bible, l'ambon, un tapis rouge nous accueillait en direction du centre de l'édifice.

On pouvait, sur le côté de la nef, apercevoir un reliquaire dans une niche où reposaient les restes de Salvius. Des fonts baptismaux dans une autre niche. J'étais entré dans le repaire de Jésus, moi, l'athée, j'étais comme ensorcelé, voire hypnotisé par tant de grandeur. Le dôme faisait plus de 9 mètres de hauteur, l'église avait été érigée au temps du Moyen Âge où nombre d'événements historiques avaient dû se passer ici. Je sortais de l'église où le froid commençait à me frigorifier, étant seulement vêtu d'un petit tricot de peau.

À la sortie de la messe, j'entendais sonner et tinter dans les nombreux troncs des pièces qui tombaient dans les escarcelles, un mendiant était déjà posté sur le parvis à attendre la sortie des apôtres. Je n'ai jamais été élevé dans le culte de la religion, étant non baptisé et athée, mais j'aimais entrer dans ce lieu de culte où apaisement et silence régnaient en son lieu… Aujourd'hui, il n'y a plus de messe en son édifice… l'église est fermée, les vocations pour Dieu étant devenues rares. Mais, ce que je peux vous dire, c'est que quand je levais la tête vers le ciel en sortant de l'église sur sa place, ce n'est pas Dieu que j'apercevais, mais sa vache Blanchette qui continuait à brouter de l'herbe bien grasse sur le toit de l'église.

Chapitre 34
Le champ de blé

Chaque année à la même époque aux alentours du 18 août, le père Morel moissonnait son champ de blé…

Dans le Morvan, au temps des moissons anciennes, il était d'usage de laisser les chaumes dans les champs à la hauteur d'un pied et demi. Les pailles qui étaient coupées au croissant de la lune étaient plus tendres à manger par la suite pour les bêtes. Les gerbes étaient liées avec des tiges de paille, les battages qui se faisaient très longtemps au fléau en général à la Saint-Martin ou bien à la Toussaint lorsque la lune commençait à décliner. On vannait et criblait le grain, débarrassant ainsi les grains parasites comme l'ivraie. Le père Morel accrochait toujours un bouquet de moisson, fleurs de blé jointes à une petite gerbe de blé, orge et avoine qu'il accrochait à la porte de la vieille grange ou, des fois, au sommet de la meule.

Quand il engrangeait sa maigre récolte dans de grands sacs en toile de jute, le blé servant uniquement à nourrir son bétail pour l'année, n'étant point un céréalier, la terre nivernaise étant une terre d'élevage. Je me rappelle le voir encore jeter une poignée de grains éparse sur le plancher de son grenier en disant.

— Voici la part des rats, qu'ils en fassent leurs profits et que la mienne se conserve intacte par ces animaux malfaisants.

Les croyances étaient nombreuses, comme celles pour attraper les perdrix assez curieuses. Une fois les blés fauchés, le matin ou le soir, il suffisait de capturer un loir gris et de le mettre dans une cage en bois. On lui tirait la queue de temps en temps et la douleur poussée par l'animal était si grande qu'elle lui arrachait un cri semblable à celui de l'oiseau convoité si bien que l'on faisait rapidement venir celui-ci.

À la fin de la moisson qui prenait deux ou trois jours tout au plus, le fermier ayant seulement quelques hectares à moissonner, une légende prétendait que lors de la dernière coupe, si un lièvre s'enfuyait devant le fermier, en coupant le dernier épi de blé, il devait ensuite le prendre au piège. Ces usages sont des souvenirs « des jours heureux » d'un temps ancien, un rite païen ou un animal devait être sacrifié à la fin de la moisson comme pour le remercier de sa copieuse récompense.

Je revois encore aujourd'hui dans ma mémoire au plus haut de sa gloire, la veille de sa moisson, le champ de blé du père Morel, le vent façonnait les blés, des vagues comme sur une plage, il ondulait au gré des vents marins qui poussaient les graminées en bord de la communale 3, quelques éclats rouge vif... de somptueux coquelicots apparaissaient dans sa pelisse à la couleur jaune paille.

Chapitre 35
La poule noire

Dans les croyances anciennes, la poule noire jouait un rôle très important en pays nivernais. En effet, la maison des sorciers avait pour signe distinctif des poules noires. À la Charité sur Loire, une tenancière d'auberge qui prédisait l'avenir avait pour enseigne « À la poule noire », animal occulte par excellence, elle pouvait porter chance dans les campagnes morvandelles.

Marie-Claude était l'une des filles des Morel, elle allait se marier, et avait 12 ans de plus que moi et, malgré notre différence d'âge, je m'étais entiché d'elle. Dès que la belle était dans les parages, je rappliquais dardar pour faire le joli cœur, je me pavanais comme un paon ou un pigeon en lui lançant des œillades, je gonflais le torse moi le petit coq de basse-cour me prenant pour un instant pour Roméo à la recherche de ma bien-aimée, mais les préparations pour son mariage étaient nombreuses et la belle n'en avait que faire de moi, de ce petit gringalet de Parisien. Les préparatifs étaient terminés et, par la fenêtre de la salle à manger qui donnait dans la cour des Morel, j'apercevais un étrange rituel, où le match de rugby pouvait alors commencer.

Le couple de fermiers courait ventre à terre après la noiraude, la poule noire, elle esquivait les incartades des deux agriculteurs en un jeu de jambes terrible ou elle accélérait et passait allégrement sous les jupes de la fermière au galop pour éviter d'être attrapé, suivi de grands caquètements, entraînant des volées de plumes à chaque passage. Ces changements de direction au dernier moment en faisaient une rivale sportive de haut niveau. Après dix minutes de bataille et une mêlée dantesque comme voulant attraper le ballon ovale, le père Morel se jetait enfin sur la pauvre bête en s'allongeant à terre sur la pauvre volaille comme s'il allait marquer un essai. Il se relevait avec difficulté étant perclus de rhumatismes, mais victorieux, il ne dégageait pas bien sûr le ballon pour remettre en jeu, mais tenait fermement la cocotte, pas de remise en jeu cette fois-ci, la partie était jouée et définitivement terminée, Noiraude était captive.

Le cortège nuptial était prêt à démarrer ou le père Morel la poule noire sous le bras l'emmenait à la mairie puis à l'église. Noiraude n'avait bientôt plus beaucoup de temps à vivre et au retour de la cérémonie elle était sacrifiée dès que les fermiers et les nouveaux époux étaient unis. Il en faisait par la suite un bouillon pour les mariés afin d'assurer une heureuse union… Il paraîtrait que cette coutume perdurait encore aujourd'hui…

Chapitre 36
La foire aux bestiaux

Depuis le début du XX siècle, avait lieu chaque année, aux alentours du 20 août, une immense foire à bestiaux sur la grande place de Saint-Saulge. On s'y rendait des quatre coins de la région, du Morvan, du Nivernais, du Nord bourbonnais. Pour être à la vente dès le petit matin, les éleveurs partaient dès la nuit avec bovins et troupeaux. La foire prenait de l'ampleur depuis les années 1950 et atteignait son maximum dans l'année 1976. Chaque année, plus de mille vaches de race charolaise étaient réunies, bêtes, éleveurs et acheteurs venaient dès le soir de toute la France, voire de l'étranger pour ouvrir les transactions. J'aimais regarder et observer comme à mon habitude ce brouhaha où l'on pouvait sentir une fièvre et une agitation hors du commun, l'odeur des animaux et des bouses me montait au nez, ou quelques bergeronnettes grises voletaient aux alentours de celle-ci à la recherche de quelques insectes. Un veau par ici, un taureau par là. Les rues étaient décorées, le tout agrémenté par la fanfare du canton, un prix spécial était également remis à la plus belle bête de la foire. Un attroupement s'était formé autour d'une bête colossale, nous passions entre les gens pour pouvoir de quoi il s'agissait, c'était notre célèbre Bébert qui était également en vente et dont je vous ai déjà conté l'histoire un peu plus haut.

Les cliquetis des chaînes en fer des animaux se faisaient entendre, un coup de sabot ou de corne n'était pas rare, un meuglement, des agitations nerveuses dues aux mouches et taons nombreux qui irritaient les bêtes, Saint-Saulge était en ébullition digne d'une foire nationale d'une grande ville. Dès l'aurore. Je ne reconnaissais plus ma petite ville de province. Les échanges parfois musclés et houleux aux coups de canne sur les animaux étaient monnaie courante. Les tops là dans les mains étaient nombreux ou seule la parole avait de la valeur. Éleveurs, acheteurs, visiteurs, enfants, vieux et vieilles ne voulaient rien rater du spectacle, la place était noire de monde, le restaurant et les quelques troquets ne désemplaient pas et tournaient à plein régime. Certains maquignons étaient encore habillés d'une blouse de marchand en lin noir traditionnelle, chapeau ou béret sur la tête, et bien sûr leurs fameuses cannes de marchand de bêtes souvent faites en bambou ou en micocoulier, qui servaient surtout à diriger et à faire écouter les animaux.

Malheureusement, en 1981, la foire aux bestiaux a pris définitivement fin. De nombreuses querelles intestines de cul-terreux, des éleveurs non payés, des marchands floués ont eu raison de la foire. Désormais, tous les 20 août sont réunies, autour de l'église de Saint-Saulge et du champ de foire, quelques vaches qui sont amenées par leurs propriétaires à penser avec regret à la foire d'antan.

Chapitre 37
Taupinette

Un beau matin, au réveil, Gaby trouvait son potager dévasté par des taupes.

— Enfers et damnations ! criait-il.

Pour une fois, Gaby s'emportait, lui qui était pour la plupart du temps silencieux, mais là, elles avaient mis le doigt sur quelque chose d'important dans son potager… L'invasion risquait de compromettre toute la récolte de ce qu'il avait planté et semé, il y avait urgence à réagir. Des dizaines de taupinières étaient apparues pendant la nuit où elles avaient creusé de nombreuses galeries déracinant à moitié les beaux légumes de Gaby. Son potager si beau avec ses légumes rangés en rang d'oignons comme de petits soldats de l'Empire napoléonien où tout était en ordre, il retrouvait un champ labouré et ravagé où tout était en désordre, comme un bombardement de 14-18 sur le chemin des dames où le sol était entièrement nivelé. Il était allé donc quérir en toute hâte un maître-taupier, monsieur Jean, qui habitait notre beau village. Après plusieurs jours de travail acharné, il avait utilisé nombre de techniques pour éloigner les taupes, comme du répulsif. Il avait également placé des poils de chien dans les galeries, enfoncé des branches de sureau près des sorties, installé des bouteilles sur des bâtons plantés dans les nombreuses galeries qui vibraient avec le vent et gênaient les activités des mammifères. Celui-ci était parvenu à réduire considérablement le nombre des envahisseurs où la terre meuble plaisait aux taupinettes. Mais il réclamait un salaire tel que Gaby avait décidé de se passer de ses services et l'avait congédié très vite.

Après le travail du taupier, il ne restait plus qu'une taupe.

— Il n'en restait plus qu'une !!! nous étions-nous écriés en chœur, Lolo et moi.

Mais c'était la plus rusée de toutes. Elle se prélassait dans les souterrains qu'elle s'était creusés à travers le potager de Gaby sans demander l'autorisation, la donzelle avait pris ses quartiers, heureuse, dégustant nombre de vers de terre, d'insectes fouisseurs et de larves bien grasses et dodues. Un beau jour, l'un de nous lui ferait son affaire. Hélas, les ravages continuaient de plus belle, on avait beau tendre à l'animal des pièges que l'on pensait infaillibles en attendant des heures entières, pioches à la main, devant les trous qu'elle creusait, projetant de lui trancher la tête dès quelle pointerait le bout de son nez. Mais rien n'y faisait, elle était insaisissable.

Soudain, j'avais eu une idée de génie. Il nous restait des feux d'artifice du 14 juillet qui n'avaient pas été tirés, notamment des gros pétards, les célèbres « Mammouth » très dangereux, qu'il fallait manipuler avec précaution, car nombreux étaient les accidents où souvent le pétard vous pétait dans les mains. On allait derechef chercher tous ces artifices stockés au sec. Lolo s'empressait d'allumer les mèches les unes après les autres, et je les balançais ensuite dans les taupinières. La guerre était ouverte et féroce, provoquant des explosions retentissantes où des gerbes de terre nous atteignaient en plein visage sous les cris de l'adjudante retenue par Gaby, le temps de l'opération de déminage. Quelques tomates bien juteuses avaient explosé, les courgettes et potirons étaient éventrés, les carottes et les radis avaient également souffert du bombardement, l'opération avait pris plus d'une dizaine de minutes. Alertée par tant de bruit et de fureur, la taupe avait enfin montré le bout de son museau et avait pris enfin la poudre d'escampette avec tant de bruit et avait filé rapidement à l'anglaise. Gaby, lui, avait le sourire aux lèvres, soulagé. Il pouvait à nouveau jardiner, sarcler, biner et passer le râteau pour éliminer les restes des taupinières éventrées par les déflagrations passées dans son magnifique potager qui redevenait un instant son jardin de Babylone.

Chapitre 38
Les vendanges

Pouzy, fin août, la canicule a été telle cette année 1976, que les vendanges pouvaient déjà commencer. Les derniers rayons du soleil de la saison baignaient la région Morvandelle et la vigne du père Morel. Ivre de chaleur, il voyait apparaître sur les ceps ses grappes bien mûres. L'approche de l'heure de la vendange créait une activité supplémentaire au sein même du village. Elle était l'aboutissement d'une année de travail et de soins attentifs répétés et d'efforts constants. Dire qu'elle en était la récompense ne serait pas juste, au vu des aléas qui pouvaient l'affecter. La grêle, le gel, la pluie parfois abondante favorisait le développement des maladies, les pies et les étourneaux sansonnets friands de raisins étaient un vrai fléau pour la vigne, s'abattant par plusieurs centaines d'individus, faisant des vols symétriques en formant de grandes figures géométriques dans le ciel, les péripéties aériennes des oiseaux étant tout simplement fantastique à l'œil, mais les dégâts étaient considérables malgré les effaroucheurs en tout genre, épouvantails et petits papiers d'aluminium voletant au vent, rien n'y faisait. Les insectes s'y mettaient aussi, notamment les guêpes et les frelons (les fameux culs jaunes) rentraient aussi dans la danse, elles s'attaquaient aux grappes à peine mûres au point d'en provoquer le pourrissement.

À Pouzy, la vigne était intégrée dans un système de polyculture sur des parcelles en général peu importantes et très morcelées, puisque ces petites vignes ne servaient qu'à la consommation individuelle et non comme une industrialisation. Quelques hectares avaient résisté aux effets conjurés du phylloxera et du mildiou. Les techniques de vinification n'étaient pas performantes, comme cela fut le cas pour d'autres vignobles. Le jour où les raisins étaient bien mûrs, une petite équipe de vignerons étaient tôt le matin à pied d'œuvre, pour engranger le précieux butin dans leurs hottes en osier. La jument, puis le tracteur du vieux, étaient attelés à un chariot chargé de paniers et de la fameuse Balonge qui allait recueillir les grappes. La Balonge étant une sorte de grand baquet ou une cuve en bois, cerclé de fers plats rivetés ayant une hauteur de 1 mètre. Les vendangeurs prenaient place sur le chariot, les pieds de chaque côté, et l'attelage prenait la direction de la vigne. Le fermier rémunérait à l'époque ses ouvriers agricoles à la journée, appelés souvent journaliers pour des taches exceptionnelles.

Nous, les gosses du village de Pouzy, nous les suivions à vélo pour contempler nos premières vendanges. Faire une vigne ne prenait en général pas beaucoup de temps et à midi le travail de cueillettes des quelques saisonniers était terminé. À la fin des vendanges, c'était alors l'heure de fêter l'évènement autour d'un bon repas, une table étant dressée au milieu de la cour de la ferme où tout le monde se retrouvait. Les conversations allaient bon train au sujet de la future cuvée, l'on comparait déjà en se référant aux bonnes et aux moins bonnes années qui avaient précédé.

Dans les jours qui suivaient la vendange, et, au gré du degré de maturité des raisins, l'équipe de saisonniers se reconstituait pour faire une autre vigne chez un nouveau fermier du coin. Les grappes n'étaient pas pressées, mais foulées aux pieds à même la Balonge, avant que les cuissardes et les bottes en caoutchouc ne fassent leur apparition, cette opération s'effectuant pieds nus. La qualité somme toute assez moyenne de la récolte et le peu d'entrain des quelques agriculteurs à perfectionner les techniques de vinification, ce qui faisait que les vins restaient de qualité passable. Les résidus des raisins aussi foulés aux pieds étaient de ce fait encore suffisamment riches en jus pour permettre après un ajout de sucre et d'eau, afin d'obtenir une base pouvant fermenter et assurer une production de « la piquette » moins alcoolisée que le vin, bien entendu, mais également légèrement pétillante qui, finalement, avait bon goût. Aujourd'hui, il ne reste plus que quelques ceps tortueux galopant dans un champ envahi d'herbe folle où seules quelques linottes mélodieuses zinzulent. Seuls les plus anciens savent encore qu'ici fut un champ de vigne. Quelques tonneaux de chêne à moitié cassés et décerclés trônent encore sous un abri de la grange. Je revois une dernière fois mon pépé se frotter les mains à l'idée de déguster la nouvelle piquette.

Chapitre 39
La guerre de Troie

Un énorme pommier se pavanait sur la terrasse, ses branches ployaient sous ses petites pommes de couleur jaunâtre et rougeâtre. Avec Lolo et le fils du père Morel, qui était un peu plus âgé que nous, nous avions décidé tous les trois d'organiser une bataille de pommes. La guerre de Troie aurait lieu cette fois-ci, mais sans glaive ni lance, nos armes étant de petites pommes bien dures. Je serais Héraclès, et Lolo Achille, quant à notre adversaire, ce serait le roi Priam, ennemi juré des Grecs. La bataille allait être rude et nous avions récupéré de vieilles passoires en fer qui nous serviraient de casque, arrimées à nos crânes à l'aide d'un élastique. Lolo malin comme un singe, s'était muni du couvercle en fer de la poubelle de Gaby, le microbe était ainsi protégé par un énorme bouclier. J'étais allé chercher dans la cave trois cageots vides que nous avions remplis de fruits. Puis chacun prenant ses positions, moi et mon petit cousin en haut du grand escalier sur la terrasse en couverture derrière le pommier, et le roi Priam de l'autre côté de la rue, en bas de la ferme, devant sa porte d'entrée à moitié entrouverte, ou des fois caché à l'angle de notre maison. Avant l'affrontement, les esprits s'échauffaient en règle générale pour se motiver davantage avant les festivités. Des cris et des quolibets de toutes sortes étaient adressés par les deux camps. De parigot tête de veau, à parisien tête de chien ! en retour, nous claironnions, Lolo et moi, des bouseux ! et des culs terreux !

Après ces invectives foisonnantes et après avoir jaugé les forces de l'adversaire, la castagne pouvait commencer, les tirs étaient nourris et faisaient très mal, où prendre une pomme dans la poire pouvait vous mettre KO (jeu de mots, Maître Capello). Le feu était tellement dense de notre côté étant deux fois plus nombreux que l'adversaire, celui-ci refluait pour se mettre à l'abri dans le couloir de son entrée, criblé par une multitude de projectiles. L'ennemi ne pouvait que reculer, les pommes projetées explosaient un peu partout et rentraient dans la maison. Les impacts tirés étaient si forts qu'elles marquaient de leurs empreintes le mur de la ferme, cassant en même temps quelques carreaux des fenêtres de la ferme.

Nous étions incontrôlables dans nos échauffourées où une fois les munitions épuisées, on descendait sur les grandes marches de béton pour récupérer les provisions tirées, ayant entièrement dépouillé notre pommier de tous ses fruits. On se mettait alors à découvert, recevant des tirs dans les bras, dans les jambes, voire sur le visage de la part de l'adversaire. J'avais pris un coup au but et j'avais un œil au beurre noir, heureusement sans gravité. La bataille de Troie continuait de plus belle, repoussant notre rival, jusqu'à épuisement total des cartouches, nous attendions alors que notre opposant sorte le drapeau blanc et capitule pour arrêter de lui tirer dessus. Après une bonne partie de rigolade et quelques gnons dans les deux camps, la guerre de Troie prenait alors définitivement fin, il fallait ensuite nettoyer la grande rue où les vestiges du carnage avaient fait rage. À l'aide de la grande pelle à charbon en fer de Gaby à moitié rouillée, et avec celle d'un balai en paille de riz, on balayait et jetait toutes ces pommes sur le tas de fumier de la ferme. À peine la bataille terminée que nous courions déjà vers une nouvelle aventure, où l'on disparaissait comme des fétus de paille face à un vent qui venait balayer la grande rue…

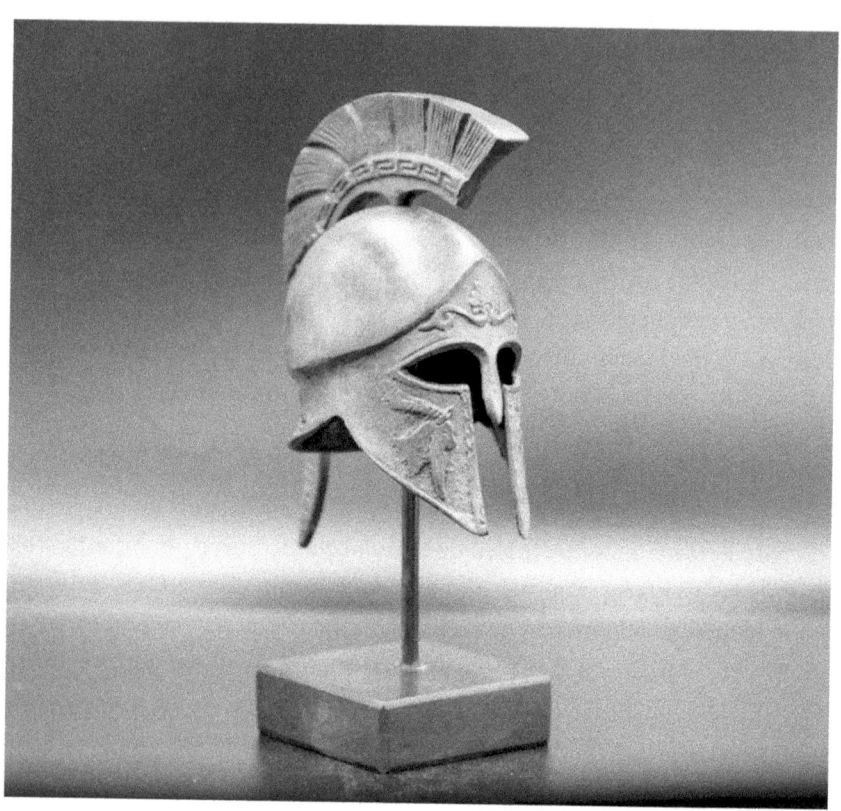

Chapitre 40
Le furet du bois joli

L'été s'était totalement abattu sur Pouzy, pas un bruit dans les alentours en cette fin août, nous étions l'aurore, la campagne nivernaise était engourdie par cette moiteur estivale qui cadenassait toutes les volontés et brisait toutes les énergies, toutes, sauf celle de Totoche, ce célèbre braconnier connu de tous, dont je vous ai déjà parlé dans *Souvenirs d'enfance*. Le rusé émérite avait vieilli, et n'avait rien perdu de sa dextérité à braconner et piéger les multiples animaux. Il connaissait toutes les ficelles du métier largement utilisé du collet à la matelote, mais lui seul en maîtrisait tous les aboutissants. Après l'accord de Louise, nous avions rendez-vous avec lui pour aller faire quelques rapines dans les environs, le bonhomme un peu rude habitait dans un marais inquiétant, près des étangs de Vaux et de Baye, dans une vieille bicoque en bois toute rafistolée où il vivait de chasse, de pêche et de cueillette. Totoche nous saluait, nous, les deux petits Parigots, d'un revers de la main, le couvre-chef lui cachant une grande partie du visage ayant ainsi peu de chance de se faire reconnaître lors de ses braconnages intempestifs, comme Zorro, notre série préférée de Disney, il était masqué et signait ses méfaits et ses rapts en tout genre souvent à la tombée de la nuit.

Il avait empoigné son vieux mousqueton et quelques cartouches puis nous signifiait de le suivre, c'est là que son furet domestiqué albinos était installé dans une cage au cœur de son poulailler. Le furet avait encore les yeux collés par les humeurs de la nuit. Totoche lui distribuait une belle ration de pain trempé dans du lait. Après avoir avidement lapé sa pitance, le mustélidé arpentait à présent sa cage de long en large avec véhémence et suivait de son regard perçant les moindres faits et gestes de son maître qui sur le pas de la porte de la crèche fumait une Gitane. Après avoir jeté son mégot chèrement disputé par trois poules, il décrochait du mur un petit sac en toile de jute de couleur bleue, fermé par un lacet coulissant. Il y enfournait une poignée de foin tout frais dont il tapissait le fond avant d'y faire un nid douillet pour son furet. L'animal se débattait tel Belzébuth plongé dans une vasque d'eau bénite, mordant et griffant l'étoffe qui lui servait de prison. Il prenait ensuite le sac par les attaches et le plaçait rapidement dans sa musette.

D'un pas décidé, nous gagnions la route tous les trois. La rosée scintillait sous les premiers rayons du soleil qui semblait hérissé de verre finement pilé brillant comme mille flares. Toute la campagne autour du marais était resplendissante de beauté dans une odeur d'herbe fraîche mouillée et de serpolet. Seuls les quelques merles surpris par notre approche perturbaient la quiétude toute relative de ce paysage féerique mêlant les brumes au ciel ne sachant plus à quel saint se vouer, la terre et le ciel ne faisant plus qu'un. Les grives décollaient ventre à terre tout en poussant leur cri d'alerte strident, cela ne gênait pas plus que ça dame Fauvette Grisette qui continuait imperturbable de chanter sa mélodie répétitive, bien en vue sur un arbuste. Tout près d'un chemin que l'on empruntait qui était bordé d'une haie de genêts en fleurs, des rats musqués avaient envahi cette partie du marais. On s'avançait alors avec d'infinies précautions vers l'un des canaux bordant le polder. On pouvait apercevoir très distinctement les potamots lacustres qui ondulaient sous l'effet d'un léger courant.

Soudain, jaillissant de nulle part, un rat musqué fit son entrée dans ce décor enchanteur. Calmement, mais sûrement, Totoche épaulait son fusil, ajustait sa visée et risquait un tir oblique sur cette surface ridée par le courant et le vent. Un geyser s'élevait dans le ciel devant nos deux mines déconfites de gamins, l'eau si limpide jusqu'alors s'obscurcissait, brouillée par la vase. La détonation du coup de feu avait sorti de sa léthargie toute la faune sauvage des environs, un héron au long cou s'envolait difficilement dans un cri perçant, le gosier sûrement rempli de menus fretins, un chevreuil détalait non loin de là dans une volée de bois cassé.

Le braconnier se saisit de sa proie qui gisait, inerte, à la surface de l'eau, il fallait faire vite pour la récupérer, car la bête allait bientôt être inaccessible et rejoindre le fond de l'eau. La victime ne portait aucune trace de plomb à n'en pas douter, son rat musqué avait été tué par l'onde de choc. Il rejoignait la carnassière, celui-ci servirait de repas à son chien resté à la niche, l'odeur du sang de la bête morte ne manquait pas d'exciter le furet qui, de nouveau, était pris par une danse frénétique. On avait marché une bonne vingtaine de minutes et nous nous dirigions vers la garenne repérée en début de saison par Totoche, étant l'objectif de la sortie.

Arrivés devant les nombreux terriers, de grosses ronces entremêlées formaient des arabesques impénétrables. Même les chiens les plus courageux ne se risqueraient pas dans ce couvert de végétal piquant et cet amas de broussailles agressives et épineuses constituant la meilleure protection pour tous ces lapins de Garenne qui, conscients de l'avantage qu'il représentait pour leur survie, multipliaient des entrelacs de galeries souterraines, que seuls trahissaient les trous d'entrée disséminés en périphérie. À cette époque, au début des années soixante-dix, le règlement de la fédération de chasse de la Nièvre interdisait l'usage du furet. Totoche, fin braconnier, n'avait cure des lois et des terrains grillagés, et personne ne pouvait l'empêcher d'aller où il voulait.

Il savait également que sans cet auxiliaire précieux qu'est le furet, il lui serait impossible de faire sortir de cette forteresse buissonneuse le moindre lapin. Pour être plus libre de ses mouvements, il ôtait sa besace et sortait le furet du bois joli de son sac pour le présenter à l'entrée d'un des terriers. La bête semblait hésiter, humait sans conviction la piste des nombreux garennes qui gîtaient ici avant de s'engouffrer sous terre. Deux minutes plus tard, un premier lapin sortait comme un boulet de canon de son terrier et fut cueilli par une gerbe de plomb. Par trois fois, le manège se reproduisait, remplissant rapidement le havresac, démontrant l'efficacité redoutable de la combinaison du furet et du braconnier. Grisé par la réussite de son plan, il ne vit pas arriver le sergent Garcia, ce gros pataud un peu nigaud de garde-chasse qui avait dû nous filer, pour une fois discrètement, exhibant fièrement sur sa poitrine sa plaque dorée et son képi d'homme de loi. Le gros moustachu était le plus souvent au troquet pour lever le coude plutôt que d'arrêter les contrevenants des alentours.

Pour une fois, le lourdaud nous avait surpris dans notre rapine, mais c'était sans compter sur la ruse et la capacité de réactivité de Totoche, prompt à faire passer des vessies pour des lanternes au gros garde-chasse. Distant d'environ 150 mètres, l'homme de loi ne pouvait pas distinguer précisément les faits et gestes de Totoche. Il avait saisi le furet par la peau du cou et l'avait fourré illico presto dans ses vêtements épais, dissimulant la présence de l'animal. Il allait se présenter à notre hauteur pour demander le permis de chasse du braconnier. Le temps de se retourner, en un éclair, nous avions déjà disparu derrière un buisson sous les cris effrénés du gros balourd qui criait.

— Au nom de la loi ! Arrêtez-vous ! Arrêtez-vous !

Ayant du mal à se mouvoir, le pachyderme n'avait jamais pu nous rattraper, nous étions déjà bien loin et hors de portée, nous cherchant sûrement pendant des heures, suant et trépignant d'avoir raté son flagrant délit. Ainsi s'était finie cette histoire rigolote et rocambolesque.

De retour de chasse, le soir, à la veillée avec mémé Louise et pépé Gaby, on avait rapporté un lapin pour un futur dîner, nous racontions, Lolo et moi, avec force et détail les mimiques de ce récit pittoresque qui, au fil du temps, s'ajouterait à tant d'autres, émaillant de la vie du légendaire braconnier Totoche. Aujourd'hui encore, si vous vous rendez aux étangs de Vaux et de Baye, vous rencontrerez sûrement le furet du bois joli.

Il court, il court, le furet… le furet du bois, mesdames…
Il court, il court, le furet… Le furet du bois joli.
Il est passé par ici, le furet du bois, mesdames.
Il repassera par-là, le furet du bois joli.

Chapitre 41
Le médecin de campagne

S'il était une figure que l'on associait souvent à l'exercice de la médecine générale, c'était celle du film « Knock », le célèbre docteur, étant interprété par l'excellent Louis Jouvet.

— Ça vous gratouille ? Ou ça vous chatouille ?

Certes, la pièce de Jules Romain qui renvoyait dos à dos deux sortes de médecins peu scrupuleux, le personnage de Knock dessinait ce qui faisait le bon médecin, c'est-à-dire un savoir avéré et une abnégation qui le démarquaient du charlatan avide de gains faciles.

Le bon docteur de Saint-Saulge au doux nom de monsieur Marchand était encore un notable respecté de nos campagnes dans les années soixante-dix, comme le pharmacien, le notaire ou le maire. La clientèle n'appelait que pour de véritables urgences, non parce qu'elle était « moins douillette » que celle des villes, mais plutôt parce que beaucoup de ruraux ne pouvaient compter que sur leur épargne ou sur l'aide sociale pour se soigner. Si bien que dans ce contexte, le médecin appelé au chevet du malade ne comptait pas ses heures. La santé de Gaby se fragilisait, il dépérissait à vue d'œil avec des quintes de toux dignes d'un tuberculeux. Pépé faisait de l'emphysème, le petit homme que j'avais connu jadis enfant, fort comme deux hommes, une poigne d'acier avec ce corps trapu et cette force herculéenne, avait définitivement disparu. Je n'avais plus tout à coup en face de moi qu'un petit être chétif et sans vie. L'utilisation de ventouse pour le soulager par Louise ou la venue d'un rebouteux pour le guérir n'avait rien fait. Il y avait plus qu'un dernier recours : le médecin Marchand. Tous inquiets, c'était la première fois que j'étais confronté à la maladie d'un être cher.

Le bruit du moteur de la vielle Renault 16 venait de se garer dans la grande rue, le médecin avait avec lui sa sacoche en cuir avec son stéthoscope et tout un tas de choses médicales. Le docteur Marchand rentrait dans la maison comme un demi-dieu, comme adulé par Louise, en voyant en lui le dernier homme capable de soigner Gaby. Les politesses étaient mondaines et après un examen de plus de 20 minutes, le docteur lui avait donné un traitement qui l'avait soulagé par la suite, la toux s'était calmée, ce qui avait permis au vieil homme de reprendre des couleurs. Mais le mal venait d'ailleurs, Gaby se faisait vieux et ne parlait presque plus, et des examens complémentaires à l'hôpital de Nevers avaient par la suite montré un accident vasculaire cérébral. Jeune, il ne parlait déjà pas beaucoup, mais suite à une méningite aiguë qu'il avait contractée en étant petit, son cerveau avait été endommagé. Gaby vivait à présent dans un mutisme total, comme un autiste ou un moine tibétain, il ne pouvait plus parler, restant des heures entières absent, comme éloigné déjà de la vie. Mais, la mort ne faisait-elle pas partie de la vie ? Je vous laisse réfléchir un moment à cette petite phrase philosophique.

Du fait des trente glorieuses qui venaient de passer, la médecine continuait d'attirer chaque année des bataillons toujours plus nombreux d'étudiants, l'image quelque peu surannée du médecin de campagne, projetée aussi bien par les médias que par la profession, n'incitait guère à s'installer en milieu rural. Les lumières de la ville les attiraient davantage, les spécialités également. Aujourd'hui, il n'y a plus de médecin à Saint-Saulge pour se faire soigner, il faut faire une trentaine de kilomètres pour trouver un médecin généraliste.

Chapitre 42
La charité

Quand on souhaitait bénéficier de la générosité des moines qui vivaient à cet endroit, on se hâtait d'aller « à la charité », le nom était par la suite resté.

Nous étions partis pour la journée à la Charité, pour visiter cette belle ville, et aller nous baigner ensuite en bord de Loire. La petite Méhari vert kaki des amis de Jacques et Jeanine sortait du lot, et à Saint-Saulge tout le monde nous regardait comme des farfelus avec cette voiture un peu gadget et pas très réglementaire. D'ailleurs, nous nous étions fait arrêter par les gendarmes pour contrôle d'identité où l'ami de Jacquot nous avait fait bien rire en me disant « tu vas voir ». Il avait présenté son permis de conduire de l'armée avec son grade de lieutenant de Gendarmerie. À la vue des papiers, le pandore s'était mis au garde-à-vous en saluant son officier et nous étions repartis tous en rigolant. La Méhari avait du mal à monter les côtes, hoquetant et émettant des teufs-teufs, nous circulions sur les petites routes de campagne aux champs chamarrés de couleurs estivales de bleuets, d'ombellifères, de marguerites et de coquelicots. On était aux aguets de tout et l'on s'émerveillait pour un rien. Les villes défilaient : Lucy-le-Bourg, Prémery, puis Poiseux, Raveau et la Charité-sur-Loire, le voyage avait duré une bonne heure.

La visite de la ville m'avait beaucoup plu, ou nous avions fait un grand tour, mais j'attendais avec impatience d'aller à la confiserie du prieuré pour déguster « le charitois », un caramel tendre aromatisé au chocolat et au café, enrobé de sucre cuit, un délice ! Il fallait par la suite aller voir la rue du crocodile qui renfermait une légende : « de retour d'un voyage en pays exotique, un original vivant avenue Gambetta aurait placé un crocodile dans une mare proche de son domicile, c'est cette rue que l'on aurait prise pour se rendre vers ce crocodile d'où le nom qui est resté ».

Les casquettes sur les crânes, nous déambulions dans cette ville au hasard de rencontres fortuites, un groupe de pigeons bisets avait éveillé notre regard, dans un square de la ville. Lolo leur filait des miettes de croissants, mais le groupe d'oiseaux grossissait de minute en minute, alors il était temps de décamper du parc où une véritable curée s'organisait autour du microbe. On traversait ensuite le vieux pont qui donnait sur la Loire pour aller se baigner et admirer le paysage aux alentours.

C'est là que se donnaient les rendez-vous pour la baignade où nous retrouvions une bonne partie de la population de classe moyenne, ou on pouvait voir fleurir les pique-niques et parasols dans une liesse bonne enfant où beaucoup de monde se connaissait. Nous, les petits Parisiens, étions avides de jeux en tout genre où, munis de pistolets à eau, nous nous arrosions tout en criant et riant joyeusement. Le jokari était de rigueur sur cette pseudo plage.

Je me rappelle que le grand fleuve avait gardé une empreinte sauvage où l'eau coulait depuis des millénaires et avait créé de larges méandres profonds et virevoltants. La Loire puissante en période de crue devenait douce et docile en été. Le vieux pont, comme on le surnommait ici, avait remplacé l'ancien gué où les gens traversaient depuis le Moyen Âge pour regagner de l'autre côté, la rive de la grande ville. De grands bancs de sable aux couleurs dorés s'étaient formés où une végétation rase et herbeuse de jonc avait pris place. À notre arrivé, quelques aigrettes garzette et hérons s'envolaient pour aller trouver de la nourriture dans des lieux plus propices et plus tranquilles. Des enfants en culotte courte pêchaient en cuissardes ou jambes nues en grattant le fond de la rivière, troublant l'eau avec leurs pieds. Quelques tourets « gros Goujons », avides d'une nourriture facile, se faisaient prendre aisément, attirés par les nombreuses alluvions en suspension. Ils rejoignaient leurs nouveaux gîtes, des bourriches en fer accrochées aux ceintures en cuir des pêcheurs. L'eau était basse avec quelques sables mouvants où, dans des temps anciens, certains avaient dû périr là, emportés par les courants et les tourbillons goulus de cette nature belle, mais hostile. Le soleil tapait fort sur nos visages et malgré nos couvre-chefs, c'était difficile de rester en plein soleil. Quelques gabares à fond plat étaient attachées à la rive, dérivant légèrement au gré des ondulations des courants et des herbiers qui nous invitaient à la méditation, les fonds étant clairs et limpides.

Un martin-pêcheur aux couleurs bariolées de bleu et d'orange volait en rase-mottes, passant comme un avion supersonique à vive allure, émettant de petits cris répétitifs siii !!! Siii !!! Nous rentrions dans l'eau rafraîchissante et le but du jeu était de traverser le fleuve de part en part. Lolo, trop petit, n'était pas venu, j'avais donc traversé avec mon autre cousin Alain qui était légèrement plus âgé que moi. La difficulté avait été dès que je n'avais plus pied, j'étais alors emmené par le courant et, à force de brasses répétées, j'étais arrivé à regagner la berge d'en face. La rive était beaucoup plus sauvage de l'autre côté, une odeur de vase régnait aux abords, avec une eau trouble. Un instant, je me croyais dans une mangrove aux rives luxuriantes, aulne, roseaux et ripisylves faisaient bon ménage. Des onagres rougissants éclaboussaient le bord de la rive, accompagnés de matricaires d'or en bouquet. Je venais de franchir la totalité de la largeur du fleuve, mais j'étais déjà pressé de retourner à mon point de départ.

Notre journée avait été idyllique, où le soir tard je m'endormais comme un loir, plein de souvenirs de cette excellente journée aoûtienne, j'avais quand même un petit pincement au cœur, car nos vacances étaient presque terminées.

Chapitre 43
Les trois petits veaux

Non, ce n'est pas le récit des trois petits cochons que je vais vous raconter, mais celui des trois petits Viaux !!! Le père Morel, encore lui ! avait demandé, en fin d'après-midi, de l'aider à rentrer ses petits veaux qui pâturaient dans les champs. Alain, Lolo et moi avions levé la main comme de bons petits écoliers et, bien sûr, demandé l'autorisation à Louise. Une fois son accord, tous les trois avions choisi alors notre animal, chacun ayant opté pour son veau en fonction de sa corpulence. Lolo ayant pris évidemment le plus maigrichon. On leur avait ensuite attaché une chaîne en fer autour du cou après moult cabrioles, ruades et sauts périlleux, évitant d'être derrière la bête sous les conseils du fermier pour ne pas se faire botter, digne d'une corrida de la féria de Nîmes, nous rigolions à plein gosier presque à pisser dans nos culottes, où seules les olas manquaient à notre tauromachie. On ouvrait la barrière en fer de l'enclos et les bestiaux fonçaient jusqu'à l'étable, pressés d'aller téter goulûment leurs mères. Il fallait être un sportif de haut niveau, comme Carl Lewis ou Johnny Weissmuller, le célèbre Tarzan de l'époque, pour pouvoir tenir tête aux bovins.

On se prenait pour des gauchos de la Pampa, mais nous n'avions ni lasso, ni pantalon en cuir, ni d'ailleurs leurs célèbres couvre-chefs. On rêvait en ramenant notre manade à l'hacienda. Alain étant le plus grand, il n'avait pas eu de problème à driver le sien. Moi, j'avais tendance à souffrir pour maintenir la bête à ma pogne, tirant sur son encolure pour restreindre les ardeurs de la bête. Lolo, lui, était à la ramasse, le moucheron était à plat ventre dans l'herbe, en maudissant son Viau qui arrivait tout seul à l'étable et sans pilote, traîné du pré jusque dans la cour de la ferme avant qu'il n'arrive à se relever, tout griffé du haut en bas. Nous avions bien ri et passé un bon moment dans la joie et la bonne humeur. Je levais la tête et j'apercevais les hirondelles rustiques sur le fil du poteau télégraphique en bois des PTT de la ferme. Elles se lissaient les plumes avant le grand départ, elles babillaient, volubiles, entre elles, racontant sûrement leurs souvenirs d'été. On rentrait en fin de journée, fourbus, mais heureux, avec pour toute récompense des œufs frais de la ferme empaquetés dans du papier journal.

Chapitre 44
Le cinéma de plein air

Chaque année, à la fin des vacances, un cinéma de plein air venait s'installer dans le village de Saint-Saulge, nous étions excités à l'annonce de cette venue et, à la tombée de la nuit, nous enjambions tous nos bicyclettes pour aller voir le film qui était souvent vieillot. Ce soir-là, ce fut le film Fort Alamo de John Wayne. On prenait nos billets ou un coup de tampon sur le dos de la main faisait office de libre circulation et de paiement en retour pour la place. Nous étions tous rivés au grand écran blanc et nous attendions avec impatience le début du film. Je revois le machiniste changer ses bobines pendant l'entracte qui durait 15 minutes environ. Pendant ce temps, des ouvreuses venaient et passaient avec des paniers en osier remplis de sucrerie. Après la chaleur étouffante de la journée, la soirée était éclatante de fraîcheur où les températures avaient baissé de plus de 10 degrés.

Nous étions enchantés de regarder le film en plein air. À la fin du film, nous avions tous des étoiles dans les yeux, ou quand le mot End apparaissait sur la toile, les applaudissements fusaient dans le public. Sur le chemin du retour à Pouzy, dans une nuit noire, nous rentrions conquis, nous prenant les uns et les autres pour des cow-boys ou des Indiens où chacun tenait son rang, rivalisant d'ingéniosité mimant à qui mieux mieux tous les personnages du film dans des intonations presque théâtrales. Je me rappelle encore que je me prenais pour le roi des trappeurs « Davy Crockett ».

Chapitre 45
Le quatre-heures

Pour tous les enfants, d'hier comme d'aujourd'hui, les quatre-heures étaient un des moments les plus importants de la journée. J'adorais ce moment-là, et quand je voyais les aiguilles de la pendule en formica à quartz de couleur marron annoncer les quatre heures, un sourire naissait à la commissure de mes lèvres. Je savais que c'était l'heure du goûter. En compagnie de Louise qui nous sortait la bonne baguette du boulanger avec la tablette de chocolat Meunier. Elle coupait la baguette en trois morceaux équitables, puis incisait les bouts de pain avec un couteau à pain sur une planche en bois. La baguette était croustillante et la mie moelleuse, le bruit de la lame qui déchirait la chair me mettait l'eau à la bouche. Elle insérait ensuite délicatement un morceau de chocolat de la marque Meunier dans chaque tranche de pain. Par temps chaud, nous buvions une orangeade bien fraîche, des fois nous avions droit à des tartines de pain beurré où je m'amusais à rajouter du cacao en poudre dessus, mais au moment d'enfourner ma tartine dans le bec, elle m'échappait des mains et se retrouvait collée au carrelage de la cuisine de Louise, grrr !!! Pourquoi la tartine bascule-t-elle toujours du côté beurré ?

Louise se faisait toujours un café au lait pour le goûter, donnant souvent un morceau de sucre à Caroline qui trônait sur elle comme un cerbère. Les journées les plus froides, nous avions droit à un chocolat chaud où Louise glissait dans le bon lait de la ferme bien crémeux de madame Franc un bout de ce délicieux chocolat Meunier sorti de sa boîte en fer. Le jour des merveilles (pâtisserie du sud-Ouest), on jouait avec les restes de la farine sur la table de la cuisine que l'on s'amusait à se jeter à la figure, se saupoudrant à qui mieux mieux le visage et les cheveux, les bouches étant tachées presque maquillés comme des catins par le sucre glace des gâteaux, souvent poudrés également comme des aristocrates. On dérobait les restes de régatons de pâtes, que l'on s'empressait de grignoter. Il ne fallait pas attendre longtemps la réaction de Louise qui galopait rapidement vers son martinet. Dès le premier claquement des lanières de cuir dans l'air, cela suffisait à l'arrêt immédiat de nos bêtises. On ne restait pas longtemps à table ou nous étions pressés d'emporter nos merveilles et, comme un essaim d'abeilles, de nous dépêcher, d'aller butiner ailleurs et éviter Louise et ses agacements, nous avions une soif de vivre et de faire à nouveau les quatre cents coups dans les alentours.

Chapitre 46
Les feux follets

11 heures du soir, en cette fin de vacances… Dans quelques jours, je reprendrais le chemin de l'école au collège de Jean Zay à Bondy. Une nouvelle idée avait germé dans nos caboches, nous avions décidé d'aller observer les feux follets dans le cimetière de Saint-Saulge. Le feu follet étant une manifestation lumineuse ayant l'apparence d'une petite flamme de couleur bleu pâle. Les feux follets sont comme des âmes en peine qui ont besoin de prières pour sortir du purgatoire, il peut s'agir d'enfants morts sans baptêmes ou d'esprits mauvais qui cherchent à entraîner les voyageurs nocturnes dans les marais et les cimetières. Nous prenions nos vélos en direction du bourg, le clair de lune éclairait la communale, ce qui nous aidait dans notre progression vers notre destination. Le cimetière était adossé à la collégiale, comme souvent dans les vieux villages. Je poussais la grille de l'édifice qui grinçait à son ouverture et nous rentrions dans le royaume des morts, nous n'étions pas très rassurés et marchions à petits pas dans les gravillons, collés les uns aux autres pour examiner les alentours. Pas d'âmes qui ne vivaient, rien, seul le ululement d'une chouette hulotte au loin nous interpellait.

En levant nos têtes, on pouvait apercevoir les gargouilles qui sortaient leurs têtes hideuses de l'édifice éclairé par les quelques lampadaires de la place. Elles nous observaient, tout en nous narguant. Certaines, figées dans d'horribles grimaces, tiraient leurs langues, d'autres dans des mimiques et des gestes démoniaques. Cela nous faisait un peu plus frissonner et nous mettait encore plus la chair de poule dans notre expédition. La fraîcheur de la nuit nous glaçait le sang, nous étions juste vêtus de maillots de corps. Depuis quelque temps, à l'approche des premiers jours de septembre, les températures avaient chuté, la Nièvre étant un département de basse montagne, froid et souvent pluvieux.

Nous étions toujours à la recherche de notre illumination, mais rien en vue, nous avions tous la pétoche et peu fiers de progresser dans les allées, il n'y avait rien du tout. J'étais déçu, moi qui pensais voir les feux follets ou des fantômes... Nous attendions environ trente minutes au clair de lune où un calme sidéral parvenait à nos oreilles, rien, nous étions en communion avec la nature, aucune activité humaine. Un bruit d'arrosoir en fer dégringolait d'une tombe, nous faisant tous sursauter. Un chat de gouttière noir et maigrelet apparaissait, il devait être à la recherche de quelques mulots ou souris grises. Il traversait nonchalamment une avenue, la couleur du diable, aurait dit Louise, ce qui ne présageait rien de bon. Les légendes, les contes et superstitions étant nombreuses en pays nivernais à cette époque, on faisait demi-tour pour ne pas passer où la bête était venue, cela nous aurait porté malchance. Nous rentrions désenchantés, la peur au ventre, sur nos bicyclettes, se racontant des récits de monstres et de vampires, nous mettant encore un peu plus la pétoche sur la route. Nous pédalions avec vigueur pour oublier toutes ces histoires inventées et nous rentrions le plus vite possible à la maison pour nous glisser dans nos petits lits bien au chaud.

Chapitre 47
Saturnin

Un jour où tout le monde était parti à la ville, j'étais resté seul à Pouzy pour garder la maison, ce qui évitait les tours de clef. Les volets fermés en cabane pour dissuader le soleil d'envahir sans autorisation mon domaine, je me calfeutrais dans cette fraîcheur toute relative. Assis dans le vieux fauteuil crapaud de Gaby aux ressorts récalcitrants et tordus, je lisais et relisais les fables de la Fontaine. Comment des écrits si vieux pouvaient-ils être si modernes ? Je pensais que Jean de la Fontaine était un visionnaire pour son époque, un peu comme Léonard de Vinci, mais chacun dans leurs domaines, l'un dans ses écrits, ses fables et ses pamphlets, l'autre dans ses dessins, ses inventions et ses calculs mathématiques.

Je surveillais d'un œil expert la gelée de mûres qui cuisait tout doucement sur la gazinière de Louise. Cette gelée, dans son grand chaudron en cuivre, glougloutait, mon doigt servant de régulateur de chauffe, j'étais devenu le gardien de la confiote. Cette veille méritait bien une récompense, je tirais alors le tiroir à pain d'où je sortais cette grosse couronne craquante de son sac en toile blanche, je tranchais une longue tartine que je beurrais et rajoutais de la gelée de mûres de l'année précédente que j'étais allé chercher aux fruitiers. La récompense prenait forme entre les pages 24 et 25 de mon livre.

Un jour, ma surveillance silencieuse fut interrompue par l'intrusion de la mère Morel qui venait cogner aux volets des persiennes avec insistance. Elle venait m'annoncer que le chien de mes cousins Lolo et Alain, un petit bâtard à moitié griffon au doux nom d'Hector, avait zigouillé son plus gros canard de Barbarie au doux surnom de

Saturnin. L'affaire faisait grand bruit et l'histoire s'était répandue comme une traînée de poudre dans tout le petit village. Un instant, j'imaginais les pandores palmipèdes venir me cueillir pour m'emmener au tribunal des canards, le procureur me délivrant un coin ! coin ! accusateur. Retenant mon fou rire devant elle, je me remémorais ce pauvre Hector aux oreilles chiffonnées délivrant ses plus bas instincts de chien de chasse, fonçant sur sa proie qui se dandinait dans la cour de la ferme. Deux coups de crocs et le Saturnin était resté sur le champ de bataille sous les cris de la vieille fermière. Madame Morel avait pris soin de consigner toute cette histoire sur un bout de papier afin de nous inviter à un dédommagement moral et, bien entendu, financier. Elle réclamait 20 francs pour réparer le préjudice…

Je lui avais offert ma compassion avec révérence et promis réparation dans les plus brefs délais. Après le retour de mes grands-parents de la ville, je racontais le récit à ma famille. La mère Morel, éplorée de la perte de son Saturnin, tournait les talons, jamais un canard n'avait déclenché autant de larmes, les paysans étant attachés à leurs biens, un sou est un sou ! un lopin de terre également !

Plusieurs jours après le drame, elle était revenue voir Louise pour boire un café et lui disait sur un ton éploré.
— Le canard était immangeable !

Point final de l'histoire hilarante, nous ne sommes jamais allés consulter le fond de la cocotte de cette brave mère Morel, nous n'avons pas non plus éventré son oreiller ni son traversin pour savoir si les plumes du canard de Barbarie faisaient partie du moelleux. Le lendemain, je me rendais à la ferme avec les vingt francs que Louise m'avait donnés pour rembourser les dommages collatéraux faits par Hector. Heureuse histoire, non ?

Chapitre 48
La caisse à savon

Nous avions envie de construire une caisse à savon, vous savez, ces petites automobiles en bois faites de rien et qui peuvent être utilisées comme des jeux d'enfants pour le simple plaisir de descendre de petites pentes. Cela tombait bien, Pouzy et ses environs n'étaient qu'une succession de côtes puis de descentes, un peu comme les montagnes russes de la foire du Trône. La caisse à savon ne possédait pas de moteur, elle se déplaçait par la seule force de la gravité, composée d'une caisse en bois où l'on pouvait loger à deux, faite de quatre roues de récupération d'un vieux landau. Aidés de Riton et de Dédé, le bricolage effectué n'avait duré que quelques heures et notre caisse à savon prenait rapidement forme : deux roues fixées à l'avant sur un axe mobile dirigeable par une corde fixée aux deux extrémités, puis deux roues arrière non mobiles. Une fois la caisse finie, nous étions pressés de l'essayer. Nous n'avions pas voulu, pour une fois, descendre la croix rapine, étant tous les deux des casse-cous invétérés, mais le danger était vraiment réel et sans frein, c'était la mort assurée. On avait alors choisi une autre option, notre dévolu s'étant arrêté sur la grande avalaison juste après les chênes qui nous amenaient ensuite à la ferme des Morel.

Nous étions ivres de vitesse et, au fur et à mesure de notre descente, nous prenions rapidement de la vélocité, et pendant notre avalage, je m'inquiétais soudainement de savoir comment on allait s'arrêter en bas, simplement munis de lunettes de piscine sur les yeux et d'un bonnet de bain qui étaient notre seule protection. On prenait toujours de plus en plus de rapidité. Étant devant et lolo derrière, il me tenait par le paletot fermement presque à me faire mal, accroché comme un morpion à son pubis ou un pou à son cheveu. Lolo avait une soif de vivre et ne voulait pas mourir en ce moment si périlleux dans cette dangereuse descente. Je tournais les roues pour rester sur la communale, zigzaguant à travers les obstacles sur la chaussée, nids de poule et bosses étant fréquents. À chaque malformation de la chaussée, la cariole en bois craquait et nous donnait de redoutables coups dans les reins.

Nous arrivions à Pouzy en hurlant comme des conquérants, les Huns étaient là, mais la vitesse était telle à présent que plus que deux choix s'offraient à nous : prendre le dangereux virage de chez la mère Pic, ou aller à droite direction la ferme des Morel. J'optais pour la deuxième solution où nous nous engouffrions comme une voiture des 24 heures du Mans dans la cour de la ferme, la castille et les gravillons crépitaient sous le changement de cap au dernier moment, les roues du véhicule formaient des sillons larges et profonds dans le sol en entrant dans la cour de la ferme.

— Chaud ! Chaud devant ! avais-je hurlé.

Je taillais un short au petit coq Roméo, en évitant tout juste au passage d'écraser Sidonie, la grosse oie blanche. Dans un concert de gallinacés, nous finissions notre course, pour ma part, dans l'abreuvoir des vaches, tout mouillé, dans une eau croupie, dommage, je n'étais pas muni de mon maillot de bain, ce qui avait amorti ma chute et occasionné peu de blessures. Quant au petit morpion, il avait été éjecté de mon bas-ventre pour finir dans le tas de fumier tout chaud, les quatre fers en l'air. Le bolide était hors d'usage, les roues étaient pliées et la caisse en bois fracassée. Nous étions contusionnés, remplis de gnons et de bleus, mais rien de bien méchant. Ainsi s'achève cette histoire rocambolesque de cette course à caisse à savon.

Chapitre 49
La fin des vacances

Les mûres préférées étaient celles qui gardaient encore quelques grains rouges sur le fruit avec un goût acidulé, les fruits étaient là, nous faisions bombance le long de la communale 3 de tant d'opulence en ces fins de vacances, un peu triste de quitter Pouzy. Nos petits ventres étaient bien remplis de ces fruits si délicieux, les mains et les marcels noircis par le jus, quelques griffures aux bras et aux jambes pour accéder aux fruits les plus gros et les plus inaccessibles.

Dans la maison de Louise et de Gaby, ça sentait la fin des vacances, une ferveur et une excitation régnaient dans l'air de nos derniers jours de vacances. Le prunier, d'habitude si joyeux, laissait tomber ses derniers fruits où les insectes nombreux venaient butiner ses derniers sucres de ses fruits qui venaient s'écraser sur la terrasse en béton. L'été commençait à ressentir ses premiers rhumatismes jour après jour, le soleil fatiguait même s'il bâillait avant de rougir et disparaissait derrière les sapins du Morvan, cela annonçait bientôt le début de l'automne. Les premiers frimas du matin se faisaient sentir où des fumerolles émergeaient vapoteuses dans un ciel grisâtre. Les premières noisettes encore vertes apparaissaient dans les haies. Les hirondelles commençaient déjà à se rassembler sur les fils, comme blotties les unes aux autres pour se tenir chaud, l'été s'enfuyait comme pour ne jamais revenir. Il était grand temps de faire nos derniers paquets, les valises et les sacs difformes s'entassaient dans le grand escalier de la terrasse, beaucoup de va-et-vient inutiles.

— Attention, n'oubliez rien, car on ne fera pas demi-tour ! nous avait prévenu Riton.

Papa assurait la logistique du coffre de la 204 Peugeot break où, c'est vrai, on pouvait entasser beaucoup de choses. D'un regard nostalgique, je balayais des yeux, une dernière fois, chaque recoin de la maison, j'embrassais Louise et Gaby, moi le petit Galissou du 93. La voiture démarrait, j'adressais des au revoir appuyés à mes grands-parents, d'un geste de la main, par la vitre de la portière à moitié baissée, une larme salée roulait sur ma joue jusqu'à mes lèvres… Le temps de me retourner, et Pouzy avait déjà disparu… Une nouvelle page d'histoire se tournait dès maintenant…

Chapitre 50
La fête du cochon

Pour Jules Renard, le cochon était un animal admirable auquel il ne manque que la capacité de savoir-faire lui-même son boudin. Il faisait un froid de canard en ce mois de janvier 1978, un ciel gris, lugubre et neigeux présageait mal la journée à venir. Mon oncle Dédé et Riton étaient déjà là. Ma tante Carmen, maman, et Louise préparaient les plats et les ustensiles pour la grande fête qui se préparait. Dans la cuisine, Riton sortait une bouteille de gnole…

— Allez, on a bien mérité un petit coup pour se réchauffer !!! s'était exclamé Riton.

Les trois verres Duralex se remplissaient d'un vieux tord-boyau à la provenance inconnue et indéterminée. Rappelez-vous pour les plus vieux, on jouait à choisir un verre puis à regarder ensuite au cul de celui-ci le numéro qui était inscrit, le gagnant étant celui qui avait le chiffre le plus élevé, les autres étant souvent traités et moqués de bébé. Je goûtais, c'est encore pire que ce que je pensais. Je finissais le verre cul sec pour abréger la cérémonie, j'avais quatorze ans passés, et je sentais une brûlure m'arracher l'œsophage sur toute la longueur. Beurk… Pendant qu'une brève discussion s'amorçait sur la neige, le beau temps et autres considérations de circonstance, je me demandais soudain comment j'en étais arrivé là, je m'étais juré de ne jamais cautionner cette fête barbare. J'étais vraiment trop bête. Les verres étaient vidés et reposaient sur la table en formica de Louise.

— Bon ben, c'est parti, avait dit Dédé, jovial
— On a du boulot maintenant, en route !

Il essuyait sa bouche d'un revers de sa main et sortait. C'était la première année que mon oncle Dédé décidait d'élever un cochon, « parce que c'était la tradition paysanne qui perdurait, mais aussi parce que c'était bien meilleur que la viande de supermarché ».

Le cochon s'appelait Jean-Louis, un beau nom de baptême en référence au cousin de sa fille, Marie-France. Un beau nom pour un cochon. Jean-Louis gambadait dans un champ tout l'été et le pourceau s'était gavé de glands et de châtaignes dans les sous-bois, il ne dédaignait pas non plus quelques bolets à son menu. Jean-Louis était devenu énorme. À mesure que l'on s'approchait de l'étable en pierres, on entendait les couinements de Jean-Louis qui s'amplifiaient. Le cochon connaissait le jour de sa mort, une sorte de sixième sens le prévenait, animal doué d'une intelligence et d'une sensibilité hors pair. Son petit cœur noyé dans la graisse battait à tout rompre. Depuis deux semaines déjà, il était enfermé dans un petit réduit en planches avec juste un peu de paille pour dormir. Il couinait, grognait, et pleurait.

— Délivrez-moi !!! Sauvez-moi !!!

En franchissant les quelques mètres qui me séparaient encore de l'étable, l'angoisse m'étranglait la gorge. Le temps s'étirait démesurément pour faire entrer les mauvais souvenirs qui me rappelaient cette sale matinée, l'oral du certificat d'études, la mort de Gaby, la salle d'attente du dentiste, la pêche aux grenouilles. J'étais si bien éduqué et poli avec moi-même vers ce que je redoutais le plus sans contrainte physique, par l'injonction sociale d'obéir à plus fort que soi, ou simplement parce que je n'arrivais pas à désobéir ou à imaginer comment je pouvais faire autrement. Jean-Louis était sorti manu militari de sa crèche et malgré ses protestations sonores, tiré par une corde et amené quelques mètres plus loin près du tracteur. Mon oncle Dédé attachait le condamné à mort à une patte arrière, pendant que Riton revenait de l'atelier avec une masse. Il me tendait l'outil.

— Tiens, puisque tu es là, tu n'as qu'à lui mettre un bon coup sur la tête pour l'estourbir, nous, on commence à se faire vieux, tu sais, m'avait expliqué Riton.

J'étais saisi de stupeur. Ces salopiaux voulaient me faire participer au génocide de Jean-Louis et me rallier à leur sale truc. J'allais devenir complice de crime contre cochon. Je me voyais soudain dans l'enceinte d'un tribunal où j'étais emmené par des cochons policiers à la barre des accusés. Un tribunal de cochons en costumes, un cochon procureur, des cochons avocats, des truies de bonne famille au premier rang, dont les porcelets couraient dans les travées, avec un vacarme qui me rappelait les grognements de Jean-Louis. Je me mettais devant Jean-Louis, je levais ma masse, après tout ce n'était qu'un cochon, je n'allais pas me ridiculiser devant mon père et mon oncle. Au moment où j'abattais la masse sur la tête du cochon, celui-ci bougeait et je ratais mon coup, Jean-Louis poussait alors des cris déchirants dans les aigus.

— Nom de dieu, tu l'as raté, mets-en-lui un autre avant qu'il ameute tout le monde dans le village, avait hurlé Dédé.

— Je suis un funeste meurtrier !

Jean-Louis s'était effondré sur le flanc dans un râle, Dédé avait attaché les deux pattes arrière à la fourche du tracteur, prêté par le père Morel, celle-ci servant à ranger les bottes de foin. Il activait l'élévateur de la fourche et Jean-Louis se dressait avec, décollait bientôt de la terre, la tête pendait dans le vide avec un léger mouvement de balancier. Riton apportait une grande bassine et, un couteau, il saignait Jean-Louis à la gorge et, pendant que le sang coulait à gros bouillon, il commençait à touiller le sang avec un bâton afin qu'il ne coagule pas. Riton repartait en cuisine avec sa bassine de sang pendant que tonton Dédé empoignait le chalumeau et commençait à brûler les soies du cochon de haut en bas, sur toute la surface de la peau qui prenait une teinte noirâtre.

Le sort du pauvre Jean-Louis me faisait penser un instant à ces exécutions sommaires et barbares au temps du Moyen Âge, Riton revenait avec une bassine d'eau chaude, des brosses et un racloir, c'était la toilette du mort. Jean-Louis était lavé, brossé et raclé jusqu'à ce que sa peau soit bien nette. Il était ensuite éventré, éviscéré, les tripes étaient mises dans un bac, on ne jetait rien, puis on coupait en morceaux, pendant que ma tante, ma mère et Louise faisaient la navette avec diverses gamelles pour entasser les quantités de viande.

La boucherie continuait jusqu'à ce qu'il ne reste plus que deux morceaux de cordes attachés au tracteur qui se baladaient au vent. Les voisins arrivaient le sourire aux lèvres pour donner un coup de main à faire saucisses et boudins avec la perspective d'un bon gueuleton, à la clé. C'était ainsi que la fête de la saint-cochon se terminait.

Chapitre 51
Hiver 1983

Sept années avaient passé, j'avais à présent dix-neuf ans et j'étais devenu un homme. L'hiver était des plus calmes à Pouzy et, pour ainsi réserver aux activités d'entretien de l'outil de production, réfection des matériels en ce mois de janvier 1983, j'étais venu une dernière fois à Pouzy. La neige d'un blanc nivéen avait envahi le petit village où les déplacements en voiture étaient compliqués avec ses grosses congères en bord des routes et, surtout, il fallait reconstituer les réserves de bois pour l'hiver suivant. Le soir, Louise nous servait un Viandox avec un alphabet de pâtes. On allait se coucher dans un lit froid et humide en période d'hiver. Les chambres n'étaient chauffées que peu de temps avant d'aller se coucher, pour couper l'air, disait-on. On rentrait dans le lit, ma première impression était celle de la moiteur froide des draps. Là, pas question de retirer ses vêtements avant d'entrer dans le lit. Cette opération avait lieu une fois couché, et on glissait rapidement son pantalon sous l'édredon de plumes d'oie pour qu'il soit bien chaud pour le renfiler le lendemain matin au réveil. En début de nuit, les pieds ne décollaient pas du Carron, cette grosse brique chauffée à la cheminée ou à la cuisinière, enveloppée dans un drap qui n'en finissait pas de refroidir bien vite.

Combien de fois ai-je grelotté en m'endormant avec difficulté ? Puis la chaleur du petit poêle à pétrole prenait la suite pour quelques heures où une odeur nauséabonde régnait ensuite dans la chambre.

Faute d'être réalimenté dans la nuit en pétrole, au petit matin, il régnait un froid de canard dans la pièce, les vitres des fenêtres mal isolées étaient couvertes de jolies fleurs de givres et des glaçons s'étaient même formés sous mon nez en raison de la condensation puis du gel intempestif et de l'humidité de la respiration. Le lever était un vrai sacerdoce, comme un sacristain, j'enfilais mes vêtements avec la plus grande rapidité. L'ablution matinale était faite au gant de toilette, le bain étant réservé pour les dimanches. L'envie de regagner la cuisine me taraudait, étant la seule pièce bien chauffée.

Traditionnellement, on se chauffait au bois à Pouzy, les forêts privées ou soumises à l'État étaient nombreuses et particulièrement productives autour du village. Quand on ne disposait pas de bois propre, chaque habitant avait la possibilité d'exploiter une coupe de bois mise à sa disposition par la commune selon le principe séculaire de l'afflouage. Les longues périodes d'hiver étaient ainsi mises à profit pour abattre la quantité de bois utile au renouvellement des stocks qui étaient mis au séchage pendant plusieurs années avant de pouvoir être brûlés. Les tas de bois faisaient partie intégrante du paysage du village, et chaque automne, le bruit des scies résonnait dans toutes les cours. Il neigeait de plus en plus fort, quelques pinsons du Grand Nord de couleur orangé et noir cherchaient quelques grains à grappiller dans le jardin. Ce bel oiseau venait des pays scandinaves et descendait plus bas dans leur zone géographique pour trouver leurs nourritures. Le temps d'un éclair, craintifs, ils s'étaient déjà envolés, continuant sûrement leur migration dans des endroits plus cléments. Calfeutrés dans la maison de Louise, comme enveloppés par l'hiver, nous restions tous là à regarder tomber la neige, Riton, maman, Louise et moi.

La neige était un miracle du ciel et de la météo, un pur bonheur lié à l'enfance et à Noël, c'est du moins ce qu'elle évoquait pour moi. Je fermais les yeux et voyais les gros flocons qui tourbillonnaient et venaient se coller sur les carreaux. Un silence monacal régnait dans notre petit village, comme un nid douillet emmitouflé de plus en plus par la neige épaisse. Je m'interrogeais sur la neige qui donnait une sorte de sérénité, de calme et de douceur si particulière. Assis dans un vieux fauteuil aux couleurs cacatois, je prenais mon livre *L'enfance d'un chef* de Jean-Paul Sartre et me mettais à lire dans ma tête. Tout le monde étant calfeutré chez eux, bien au chaud, devant le poêle ou la cheminée. Cousins et cousines avaient grandi, ainsi que mes camarades de jeu que j'avais perdu de vue… Du gui avait été coupé et accroché au seuil de la porte de Louise en ce début d'année. Le gui guérit tout et celui-ci avait été cueilli non pas sur un peuplier ou un pommier, mais sur le grand chêne qui trônait en bord de route, on le surnommait le rameau d'or et il portait bonheur. Le petit village était à moitié endormi dans un hiver très froid, c'était la dernière fois que je passais des vacances à Pouzy, la maison de Louise allait être bientôt vendue…

Épilogue

Les légendes sont tenaces en pays nivernais, la Charité-sur-Loire vous attend pour une balade touristique, Vézelay également, célèbre ville étape du voyage vers Saint-Jacques de Compostelle. À l'entrée du village, la maison de mes grands-parents est toujours là, solide comme un roc, elle n'a pas bougé depuis 1848. Comme un phare avec ses volets rouges, une vigie ou une proue d'un bateau, elle guette les cris des enfants à vélo, elle observe les villageois, écoute les cancans, ausculte et tâte le pouls du bourg. Un instant, j'ai à nouveau un doute et j'aperçois dans mon rêve en levant une dernière fois les yeux vers la fenêtre de la maison, ils sont bien là tous les deux pour m'accueillir pour de nouvelles vacances, mais hélas ! ce n'est que pour m'offrir en fait que leur dernier adieu.

Certains personnages relatés dans mon roman ont réellement existé, d'autres ont complètement été imaginés, mais cela n'est-il pas le travail d'un écrivain de vous faire vivre et croire des choses qui n'existent pas et sont purement imaginaires. Aujourd'hui, le petit village de Pouzy a complètement changé, les fermes ont été transformées en lieux de villégiature ou sont devenues des gîtes de vacances. Agénor ne chante plus dans la cour de la ferme, plus de Jean-Louis dans la soue à cochons, plus de foire aux bestiaux ni de vendanges, ni de marchand ambulant, ni de cinéma en plein air, les cirques ont presque disparu de la circulation, car le spectacle d'animaux sauvages est pratiquement interdit (et c'est pas plus mal), le bruit du tracteur ne résonne plus dans la Grand Rue, Pilou n'aboie plus et Raminagrobis ne miaule plus également, mais le rossignol, lui, chante toujours, la pie-grièche et la huppe fasciée aussi… les vaches et les taureaux gambadent toujours dans les prés avoisinants et Michel l'apiculteur produit toujours du bon miel.

Mais, que diable de mélancolie et de tristesse, d'autres histoires similaires verront le jour à nouveau dans d'autres villages de France ou de Navarre où de dissemblables gamins comme moi ivres de joie de vivre, vous raconteront d'autres histoires semblables aux miennes. Nous étions le 2 septembre 1976, dans quelques jours ce serait la reprise de l'école, j'étais triste, les grandes vacances étaient définitivement finies. Il était temps de partir, comme les hirondelles, nous allions prendre notre envol pour une longue migration vers nos quartiers d'hiver.

Je referme à tout jamais les ultimes pages de Pouzy et de mes jours heureux que j'ai passés dans ma chère Nièvre. Je n'ai jamais été aussi heureux de mes vacances en famille de toute ma vie pourtant simple et sans chichi. Se plonger et se remémorer dans ce nouveau roman *Mes jours heureux*, j'espère qu'il vous donnera du baume au cœur, de la joie et du bonheur dans cette vie qui mérite d'être tout simplement vécue pleinement.

Nous sommes retournés tous ensemble en famille avec deux de mes trois filles, Mélodie et Emie, qui voulaient connaître ce petit village de Pouzy et maman. Nous sommes le 5 juin 2022, la bourgade n'a pas changé, seule la maison de mes grands-parents, celle de mon oncle et de ma tante sont abandonnées, méconnaissables, recouvertes de végétations et de ronciers. Mes souvenirs sont à présent engloutis par cette nature inamicale. Les deux maisons, l'une trônant à l'entrée du village et l'autre à la sortie. Comme deux gardiennes du temps, dans un lien presque familial et indéfectible, attachées par un fil générationnel, figées depuis plus de quarante-six ans, elles veillent encore aujourd'hui l'une sur l'autre. C'est donc avec une grande satisfaction et un léger regret que je quitte Pouzy définitivement, le cœur en friche.

Remerciements

Merci à ma maison d'éditions Le Lys Bleu Éditions de m'avoir fait une nouvelle fois confiance pour la suite de mes souvenirs d'enfance et d'avoir ainsi cru en moi.

Imprimé en Allemagne
Achevé d'imprimer en février 2023
Dépôt légal : février 2023

Pour

Le Lys Bleu Éditions
40, rue du Louvre
75001 Paris

Ingram Content Group UK Ltd.
Milton Keynes UK
UKHW022108230323
419066UK00016B/989